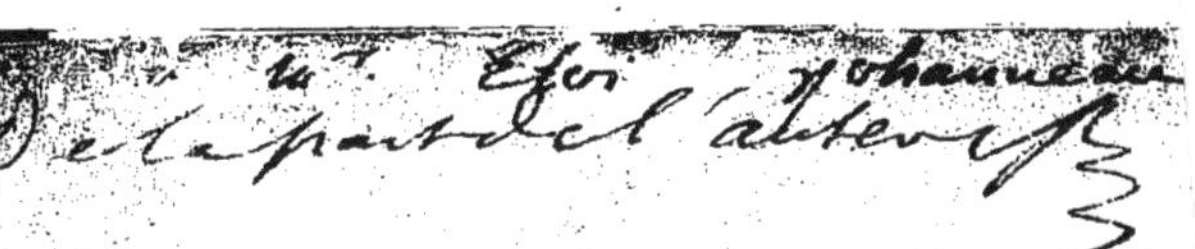

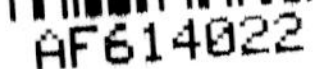

RÉFORME

DE LA

BIBLIOTHÈQUE DU ROI

PAR P.-L. JACOB

BIBLIOPHILE.

PARIS

ALLIANCE DES ARTS,

RUE MONTMARTRE, 178,

ET CHEZ M. TECHENER, LIBRAIRE,

PLACE DE LA COLONNADE DU LOUVRE.

—

1845

Le **Bulletin des Arts**, Guide des Amateurs de Dessins, Tableaux, Estampes, Livres, Manuscrits, Autographes, Médailles et Antiquités, rédigé par les principaux bibliographes, artistes, archéologues, etc., sous la direction du Bibliophile JACOB, paraît le 10 de chaque mois, par livraison de 2 à 3 feuilles grand in-8°.

PRIX D'ABONNEMENT PAR AN :

PARIS, 12 fr.; DÉPARTEMENTS, 14 fr.; ÉTRANGER, 16 fr.

Annonces spéciales, 50 cent. la ligne.

ON S'ABONNE A PARIS,

AU BUREAU DE L'ALLIANCE DES ARTS,

Rue Montmartre, 178;

DANS LES DÉPARTEMENTS,

CHEZ LES PRINCIPAUX LIBRAIRES ET DIRECTEURS DES POSTES;

A Londres, chez M. ROLANDI, 20, Berners street, Oxford street;

A La Haye, chez M. JACOB, libraire.

Directeurs de l'Alliance des Arts :

MM. Paul LACROIX (bibliophile Jacob), et T. THORÉ.

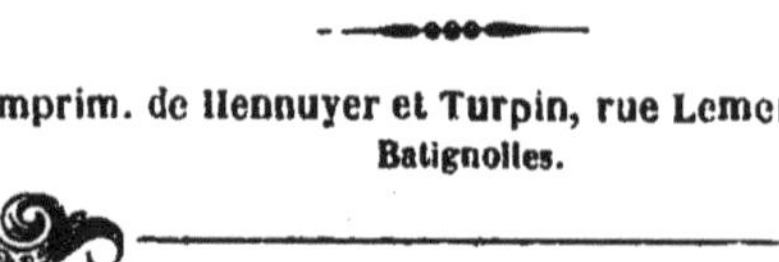

Imprim. de Hennuyer et Turpin, rue Lemercier, 24. Batignolles.

RÉFORME

DE LA

BIBLIOTHÈQUE DU ROI.

(9)

Cet ouvrage a été publié dans le journal *la Patrie*.

Imprimerie de HENNUYER et TURPIN, rue Lemercier, 24. Batignolles.

RÉFORME

DE LA

BIBLIOTHÈQUE DU ROI

PAR P. L. JACOB

BIBLIOPHILE.

PARIS

ALLIANCE DES ARTS,

RUE MONTMARTRE, 178;

ET CHEZ M. TECHENER, LIBRAIRE,

PLACE DE LA COLONNADE DU LOUVRE.

1845

A MONSIEUR LE COMTE

LÉON DE LABORDE,

MEMBRE DE L'INSTITUT

(Académie des Inscriptions et Belles-Lettres),

AUTEUR

DES LETTRES SUR LA BIBLIOTHÈQUE DU ROI,

QUI ONT CONTRIBUÉ

A SAUVER CE MONUMENT NATIONAL.

RÉFORME

DE

LA BIBLIOTHÈQUE DU ROI.

I.

Entre tous les ennemis qui attaquent ou menacent aujourd'hui la Bibliothèque du roi, les plus implacables et les plus terribles sont certainement les architectes; car les architectes de notre temps ne ressemblent pas à ceux du temps passé, qui se bornaient à construire : les nôtres construisent aussi tant bien que mal; mais, avant tout, ils ont la rage de démolir. On comprend, en effet, que les *bâtiments* de Ducerceau, de Mansart, de Perrault, etc., et même ceux de Chalgrin, de Camus. de Viel, etc., soient un fâcheux voisinage pour les œuvres de nos bâtisseurs modernes.

Depuis une cinquantaine d'années, on a donc démoli, à Paris, tout ce qui méritait d'être respecté : palais, hôtels, édifices publics, ont été rasés de fond en comble, ou du moins si complétement restaurés, qu'on ne les reconnaît plus, et qu'on eût souvent mieux fait de les jeter bas. Il faut bien que les architectes architectonisent, que les entrepreneurs entreprennent, et que les maçons maçonnent. Mais, dans cet actif remue-ménage de pierres, de moellons et de plâtre, on avait épargné la Bibliothèque du roi, ou plutôt on l'avait toujours inutilement battue en brèche à coups de projets, de plans et de devis. Hélas ! si la Bibliothèque du roi est solide, les architectes du gouvernement sont plus solides encore. Après dix ans d'efforts réitérés, de commissions successives, de rapports contradictoires, ces architectes vont remporter la victoire : la démolition et la reconstruction de la Bibliothèque du roi sont admises et adoptées en principe. Périsse donc la Bibliothèque plutôt qu'un principe !

Le fatal et déplorable principe allait recevoir son application immédiate : les architectes étaient à l'œuvre, la règle et le compas à la main ; nouvel emplacement était choisi pour une nouvelle bibliothèque ; on achetait un magnifique terrain sur le quai Malaquais, où il ne fallait démolir que dix ou douze superbes hôtels ; on concédait au commerce des marchandes de modes et autres le précieux terrain de la Bibliothèque actuelle ; on ne laissait pas pierre sur pierre du palais Mazarin, qui a le tort irrécusable d'être situé entre les rues Vivienne et Richelieu ; tout était enfin pour le mieux dans le meilleur des mondes des architectes, des entrepreneurs et des maçons. Il ne restait plus à lever qu'une légère difficulté : la question du transport des livres, et l'on se recommandait, pour ce faire, à la bienheureuse invention de certains paniers préparés *ad hoc* pour l'éternel déménagement des bibliothèques publiques ; lesdits paniers devaient être confectionnés sous les yeux d'un savant académicien. Mais, comme dit la chanson : *Adieu paniers, vendanges sont faites!* Un autre académicien s'indigna de cette conspiration d'architectes et de vanniers : M. le comte de Laborde prit la plume pour défendre la Bibliothèque du roi contre le niveau et l'équerre. Il dénonça aux vindictes de l'opinion l'odieux vandalisme qu'on allait signer en ordonnance ministérielle ; il intéressa les savants, les littérateurs et tous les hommes éclairés, à la conservation de la Bibliothèque et du palais qui en a reçu l'immense dépôt; il fit appel aux vrais bibliothécaires de l'Europe et de la France pour les inviter à soutenir la cause dont il se déclarait l'énergique champion ; il prouva hautement et clairement que ce serait un crime national que de détruire ce monument historique, qui offre toutes les conditions nécessaires de splendeur, de durée , de solidité , d'appropriation et même d'étendue..... La Bibliothèque du roi fut sauvée..... pour le moment.

On ne renonça pas ouvertement à ces fameux projets, conçus il y a vingt ans peut-être sur les bancs de l'École des Beaux-Arts ; on ne dit pas à la Bibliothèque de se rassurer et de compter sur son lendemain : un architecte recule, mais ne s'avoue jamais vaincu ; il consent à faire rentrer un plan dans ses cartons, parce qu'il l'en fera ressortir un jour ou l'autre. Ainsi , en 1825, l'Académie des Beaux-Arts a donné pour sujet de concours le plan d'une bibliothèque publique à de jeunes architectes fort habiles dans les arts, mais très-ignorants en matière de bibliotechnie, et c'est le plan couronné en 1825, c'est ce plan inspiré peut-être par Vitruve et Pline l'ancien, qui demandait à être exécuté pour l'usage de la Bibliothèque du roi ! On doit avouer qu'un si beau plan eût convenu sans doute pour la bibliothèque du palais d'Auguste, à Rome, ou pour la villa de Varron, à Tusculum.

Le plan est dès lors resté en plan : chassé du quai Malaquais, il essaya de s'établir vis-à-vis de l'Hôtel-de-Ville, sous prétexte d'opposer façade à façade ; il chercha un asile dans tous les quartiers de la capitale, depuis la place du Palais-Royal jusqu'au quai d'Orsay ; il ne voulait qu'un espace assez large pour se développer en pierres de taille... «Voilà pourtant de bonnes fondations?» dit M. Thiers, alors ministre de l'intérieur, à M. Visconti, qui lui montrait les travaux commencés pour l'agrandissement de la Bibliothèque du roi, et qui pensait à les aller recommencer ailleurs. —Ah ! monsieur le ministre, reprit le spirituel démolissando-constructeur, ce sont de si belles pierres, cela peut servir partout comme ici.» Les pierres ne manquaient donc pas, si le terrain a manqué ; les Invalides, le Panthéon, le Louvre, ne se sont pas prêtés à la démolition. Force a été aux architectes d'attendre une occasion plus favorable et de se renfermer dans leur plan, comme Achille dans sa tente. M. le comte de Laborde, répétons-le avec joie, tient en échec les architectes.

Nous avions promis de lui venir en aide dans cette croisade de bon patriote et de bon bibliophile; nous étions déjà même à la tête d'une assez formidable armée de raisonnements et d'admonitions en faveur de cette pauvre Bibliothèque du roi, condamnée à périr, lorsque les infidèles, c'est-à-dire les architectes, ont fait mine de se retirer devant l'artillerie de M. le comte de Laborde, en abandonnant sur le champ de bataille ces fameux paniers qu'une entreprise de déménagements ramassera peut-être pour les essayer à nos risques et périls. Nous n'aurions donc plus qu'à poursuivre ces architectes et ces entrepreneurs en déroute, qui vont s'abattre en fuyant sur quelque salle d'opéra à édifier, sur quelque mairie à *s'approprier* ; peu nous importe à nous qui ne sommes pas membres du Conseil municipal ni de la Commission des théâtres. Ce qui nous importait était un fait à peu près accompli : M. le comte de Laborde a empêché que le marteau des démolisseurs entamât la Bibliothèque du roi.

Mais ce n'est pas tout que la Bibliothèque du roi soit debout et brave en paix les menées souterraines ou les attaques ouvertes de la bande noire des architectes : il faut qu'elle soit administrativement et *bibliothécairement* assise sur des bases assez fortes, assez durables, assez profondes, pour qu'elle puisse résister à ses ennemis internes, comme elle a résisté et résistera à ses ennemis externes, qui sont les architectes, les entrepreneurs et les maçons. Quels ennemis intérieurs? Il y en a un grand nombre, déguisés sous les noms de règlements, d'usages et d'améliorations : nous ne parlons pas des rats et des souris, qui n'existent en furieuse quantité que dans les rapports tendant à reconstruire et à déménager la Bibliothèque du roi; à coup sûr, les auteurs de ces rapports ne seront jamais des rats de bibliothèque.

Nous laissons à M. le comte de Laborde le soin de repousser les ennemis extérieurs de la Bibliothèque, qu'il a déjà mis hors de combat ; nous n'avons affaire, nous, qu'aux ennemis intérieurs, qui sont plus nombreux et non moins acharnés que les autres; nous les connaissons tous, nous les signalerons tous, nous n'en épargnerons aucun. Ensuite, que le *Conservatoire* de la Bibliothèque et le ministre fassent le reste !

La révolution de juillet 1830 s'est fait sentir à la Bibliothèque du roi, ainsi que dans tout l'organisme du gouvernement. On s'est empressé de réformer et de modifier, avec la très-louable et très-stérile intention d'améliorer : on n'a fait qu'augmenter le mal, en croyant le couper dans ses racines. Le mal, dans une administration publique, renaît et se multiplie sans cesse, de même que les têtes de l'hydre. Quant au bien, il est lent à venir et plus lent à se répandre. Mieux valaient cent fois les abus qu'on a remplacés par des abus pires. Maintenant, au lieu d'une cause de ruine, il y en a cent plus imminentes et plus graves. Voilà quatorze ans que nous avons touché du doigt les plaies de la Bibliothèque du roi, ces plaies qui vont s'agrandissant et s'approfondissant tous les jours, ces plaies qu'on ne parviendrait à fermer qu'en fermant d'abord cette Bibliothèque, dont le triste état deviendra bientôt incurable. Profitons du répit que nous laissent les architectes, pour tenter cette cure longue et difficile.

Le modèle des bibliothécaires, M. Van Praet, avait bien compris les éléments désorganisateurs que des réformes trop promptes et trop inexpérimentées allaient introduire dans sa chère Bibliothèque, lorsqu'il s'efforçait, affaibli par l'âge et le travail, de résister à ce qu'il nommait l'invasion des barbares. Il se soumit, en gémissant, à des volontés plus actives, sinon plus intelligentes que la sienne, et il eut la douleur de prévoir que la Bibliothèque ne lui survivrait guère, quand il vit s'accroître démesurément le nombre des tables et des siéges dans la salle de lecture, demeurer stationnaire le nombre des employés, centupler le nombre des lecteurs, ou plutôt *liseurs,* et diminuer en proportion le nombre des véritables hôtes du logis, savants, lettrés et bibliophiles. Alors, il sentit que la Bibliothèque dérogerait au but principal de son institution, et que le prêt des livres au dehors, tel que la routine l'avait fait naguère, avec tous ses vices les plus criants, était encore moins funeste, moins perfide, moins dilapidateur, que ces prétendues réformes, qui eussent été admirables si on les avait appliquées à un établissement de charité publique, à un magasin d'équipements militaires, à un dépôt de contributions indirectes. Car, pour diriger et surtout pour organiser une bibliothèque, il faudrait être bibliothécaire ; pour être bibliothécaire, il faudrait non-seulement connaître les livres, mais encore les aimer. La plupart des bibliothécaires ne se piquent que d'avoir la qualité pour l'être. Chacun sa part ici-bas : à moi la place, à toi le mérite !

Dans la situation des choses, la Bibliothèque du roi ne sert plus à personne, pour avoir voulu servir à tout le monde ; elle n'offre aucune ressource efficace aux études élevées et profondes ; elle favorise l'oisiveté lisailleuse, et décourage les recherches vraiment littéraires ; elle gaspille et dévore inutilement les sommes énormes affectées à la création des catalogues, qui sont moins avancés à présent qu'ils ne l'étaient du temps des abbés Sallier et Boudot ; elle s'enrichit, elle se développe, sans le moindre profit pour la science, faute de catalogues imprimés, faute de bons inventaires manuscrits, faute de classifications rigoureuses et générales, faute d'un service bien ordonné et bien distribué ; elle se détériore, elle se gangrène tous les jours, par suite du prêt, qui n'a fait que s'étendre en se renfermant dans des règles de police et de comptabilité ; elle porte un préjudice inestimable, non-seulement au commerce de la librairie, mais encore aux industries qui en dépendent ; elle fatigue, elle dégoûte sans avantages son personnel, composé de savants honorables, académiciens la plupart, et de jeunes gens impatients sans doute de le devenir ; elle est assaillie, encombrée d'un public inutile ou malfaisant ; elle est fuie et redoutée par les travailleurs sérieux ; en un mot, elle marche rapidement de la décadence à une ruine absolue et complète. Comme on l'a dit de la Pologne, la Bibliothèque du roi est destinée à périr, et, suivant l'expression prophétique de M. Van Praet, par l'invasion des barbares.

« Les barbares ! s'écriait un rhéteur latin du temps de Théodoric : ils sont partout, à la cour, au sénat, à l'armée : ils règnent, ils parlent, ils commandent : Rome subsiste encore, mais les Romains ont disparu. »

Architectes démolisseurs et reconstructeurs, barbares! Inventeurs de paniers et entrepreneurs de déménagement de bibliothèques, barbares! Auteurs de projets impossibles, fâcheux ou ridicules, barbares! Organisateurs, désorganisateurs, ordonnateurs désordonnés, barbares! Liseurs, lisailleurs et même lecteurs, archi-barbares! La Bibliothèque du roi est toujours là cependant. Qu'en ferez-vous?

La constitution intérieure d'une grande bibliothèque réclame, pour ainsi dire, autant de connaissances pratiques, autant de sages prévisions, autant de vues larges et libérales, que la constitution politique d'une monarchie ou d'une république; un million de livres et de manuscrits à soigner, à habiller, à conserver, à remuer, à utiliser, a plus d'analogie qu'on ne pense avec un million de soldats en campagne et en garnison : le général en chef doit avoir le génie qui crée ou qui fait exécuter ; ses officiers, éprouvés et choisis par lui, obéissent à son impulsion suprême et accomplissent les mouvements dont lui seul doit régler l'ensemble ; ils savent ce que vaut chaque homme, ils aiment tous leurs soldats, ils en répondent. Quant au général en chef, il répond de ses officiers et du sort de la guerre. Qui est-ce qui voudrait répondre des livres de la Bibliothèque du roi ?

Disons-le d'avance, pour qu'on ne se méprennne pas sur nos critiques et sur leur but unique. Nous n'entendons poser ici aucune question de personne ; nous traiterons seulement l'importante question de la Bibliothèque du roi, comme s'il n'y avait ni Conservatoire ni bibliothécaires, bien que cette Bibliothèque royale ou nationale n'ait pas de lois de septembre pour nous défendre de mettre en cause son Conservatoire irresponsable ; nous ne discuterons que le régime de la Bibliothèque, en adoptant la formule de l'opposition constitutionnelle en matière politique : les conservateurs règnent, mais ne gouvernent pas.

Après avoir trouvé le mal, nous chercherons le remède. Reconnaissons, toutefois, que l'illustre Naudé, qui dans ce même local fondait, il y a deux siècles, la science du bibliothécaire, serait peut-être incertain et embarrassé, aujourd'hui que le système, l'ordre, la destination des bibliothèques publiques ont subi une métamorphose générale. Il ne suffisait plus, dans notre ère de progrès et de bouleversement intellectuels, de maintenir en vigueur le règlement dressé par Naudé pour la bibliothèque du cardinal Mazarin : « Elle sera ouverte pour tout le monde, sans excepter âme vivante, depuis les huit heures du matin jusqu'à onze, et depuis deux jusqu'à cinq du soir. Il y aura aussi des chaises pour ceux qui ne voudront que lire, et des tables garnies de plumes, encre et papier pour ceux qui voudront écrire ; et le bibliothécaire, avec ses serviteurs, seront obligés de donner aux étudiants tous les livres qu'ils pourront demander. » Les temps changent, les bibliothèques changent aussi et surtout les bibliothécaires. La bibliothèque du Cardinal, la plus belle du monde, au témoignage du Mascurat, puisqu'elle surpassait en quantité et en qualité de bons livres l'Ambroisienne de Milan et la Bodléienne d'Oxford, fut vendue à l'encan et dispersée ; Naudé est mort !... M. Naudet, directeur de la Bibliothèque du roi, n'en est pas moins, dit-on, un homme de littérature, de goût et d'esprit. Nous n'en avons jamais douté pour notre part, quoique M. Naudet ait manqué une belle occasion de le prouver, quand la direction de la Bibliothèque du roi lui fut concédée pour montrer ce qu'il était capable de faire. Que ne la fermait-il alors, comme nous eûmes l'audace de le lui conseiller. le soir même de sa nomination, dans le salon du ministre ?

Fermer la Bibliothèque du roi ? Oui, c'est là le conseil que nous donnerons encore au directeur, au Conservatoire de cette bibliothèque, au ministre dont elle relève et qu'elle reconnaît à peine, espèce de république de Saint-Marin au milieu de l'Empire français. Oui, nous demandons que la Bibliothèque du roi soit fermée, afin d'être d'abord réorganisée et reconstituée sur des bases entièrement nouvelles.

Pour prouver aux plus aveugles la nécessité de cette réorganisation fondamentale, il faudra démontrer pièces en main :

1° Que la Bibliothèque du roi, constituée et régie comme elle l'est maintenant, ne rend et ne peut rendre aucun service véritable aux lettres et aux sciences ;

2° Qu'elle fait concurrence déloyale aux cabinets de lecture, aux revues et aux journaux; qu'elle nuit considérablement aux libraires et aux auteurs, puisqu'elle étouffe le goût des livres, au lieu de l'inspirer ;

3° Qu'elle consomme sans fruit et sans avenir un budget énorme, qui n'enfantera jamais ce phénix promis tous les ans, et tous les ans plus fabuleux, un catalogue général ; qu'elle sert à renter des savants, mais qu'elle ne fait pas un seul bibliothécaire ;

4° Enfin qu'elle porte en elle tant de vers rongeurs, tant d'éléments secrets et patents de destruction, qu'elle arrivera, de réformes en réformes, à une dissolution infaillible, à une ruine définitive.

Pour démontrer que cette ruine est proche, il ne faut que présenter des faits et des vérités : nous en avons la main pleine ; mais, en dépit de l'avis égoïste de Fontenelle, nous ne craignons pas d'ouvrir la main. La vérité n'est pas moins vivace que la calomnie : il en reste toujours quelque chose.

II.

On peut définir ainsi la Bibliothèque du roi dans son état actuel : « Un vaste cabinet de lecture où six cents personnes viennent chaque jour, de dix heures du matin à trois heures de l'après-midi, lire gratuitement les livres usuels, qu'on lit dans un salon littéraire moyennant 30 centimes par séance. » Cette définition est d'une exactitude presque mathématique, nous en sommes bien fâché pour la Bibliothèque du roi.

En effet (nous ne parlons pas ici du département des Manuscrits et du département des Estampes, lesquels ne répondent pas à la même définition), on entasse des imprimés depuis la fatale découverte de Guttemberg ; on recueille officiellement tout ce qui sort des presses françaises, et officieusement tout ce qui sort des presses étrangères ; on compte avec orgueil 7 à 800,000 volumes rangés sur des rayons, sinon décrits et rangés dans des catalogues ; on occupe, au grand désespoir des architectes qui veulent bâtir, un terrain capable de contenir quarante maisons et cent vingt-deux boutiques imposables et patentables ; on loge, on appointe, et l'on conserve une vingtaine de conservateurs titulaires et adjoints, tous académiciens ou destinés à l'être ; on enrégimente militairement plutôt que bibliothécairement une cinquantaine d'employés de première, de seconde et troisième classes, jeunes gens de belles dispositions, à qui l'on permet de savoir ce que pèse un in-folio ; on paye les livrées et les gages de vingt garçons de salle, qui frottent comme des princes ; on a, bon an, mal an, un budget de 100,000 francs pour des achats qui se font mal et pour des catalogues qui ne se font pas du tout ; on se vante enfin de posséder le plus immense, le plus curieux, le plus riche dépôt de livres qui soit au monde, et tout cela, tout cela, bon Dieu ! ne sert qu'à faire gratuitement une dangereuse concurrence aux cabinets et salons littéraires du Palais-Royal !

Tels sont les merveilleux résultats dont quelqu'un dernièrement revendiquait la gloire, en tambourinant les progrès inaperçus que la Bibliothèque du roi a faits depuis quinze ans ! *Qu'on se le dise!*

Tant de savants et tant de gens, tant de frais et tant de peines, pour en arriver là ! Oh ! que Charles V fut bien inspiré de fonder la Bibliothèque du roi, et François Ier, de la continuer comme l'arche sainte des connaissances humaines ! Oh ! combien les rois de France, généreux protecteurs de cette Bibliothèque, qu'ils étaient fiers de se léguer l'un à l'autre avec la couronne, seraient étonnés de la voir aujourd'hui remplacer un cabinet de lecture sans trop de désavantage, et borner ses bienfaits à prêter gratuitement des livres usuels à un peuple de liseurs ! La Bibliothèque du roi n'est plus faite pour les savants, mais pour quiconque lit ou apprend à lire.

C'est là, sans doute, encourager la lecture, que

de l'établir à son aise, chaudement en hiver, fraîchement en été, dans une vaste salle bien aérée, bien éclairée, bien cirée, dont l'Etat paye le loyer, l'entretien, le chauffage et le reste. Il est bon d'avoir des primes à offrir à la lecture, de même qu'à la vaccine. Tout le monde saurait lire à Paris, si tout le monde allait à la Bibliothèque du roi; mais on y viendra tôt ou tard. Chaque jour la foule augmente, et déjà le local affecté à cette foule ne lui suffit plus. Il faudra bientôt en ouvrir un nouveau, qui deviendra bientôt trop étroit, et alors sera réalisé cet arrêt de proscription émané des architectes : « La Bibliothèque est insuffisante pour les besoins du service! » Hélas! qui nous délivrera des besoins du service!

Est-ce à dire que je fais des vœux pour l'obscurantisme et l'ignorance, que je m'élève contre les progrès de l'instruction et que je trouve des abus sérieux à trop multiplier la consommation de la grammaire française? Dieu me pardonne! j'aime assez les lettres pour souhaiter qu'elles se répandent; j'honore tout ce qui lit, parce que la lecture est le commencement de toutes les sciences; mais aussi, je regrette que la Bibliothèque du roi proclame en principe l'égalité des lecteurs devant son règlement.

La Bibliothèque ouvre ses portes, dès dix heures du matin, pour ne les fermer qu'à trois heures de l'après-midi. Cinq heures de lecture! on a gagné une heure depuis M. Van Praet ; on gagnera encore une heure, peut-être deux, si les utopistes de la Bibliothèque l'emportent : ce qui fera six ou sept heures de lecture! Puis, les séances du soir, cette invention hostile et malfaisante, qui tend à passer des cabinets de lecture dans les bibliothèques publiques, achèveront de détruire les déplorables restes de la Bibliothèque du roi. C'est une si belle chose que de populariser la lecture et de dilapider les bibliothèques! Il y a déjà huit ans que les lectures du soir sont instituées à la bibliothèque de Sainte-Geneviève, et nous ne croyons pas que les études y aient gagné plus que les mœurs : on a nui considérablement aux salons littéraires du voisinage, c'est incontestable ; on a nui quelque peu aux divans du quartier, surtout à ceux qui faisaient crédit à nos fils de famille, c'est probable; mais on a nui encore davantage aux pauvres livres de la Bibliothèque, froissés, usés, tachés sous les doigts des lecteurs somnolents. Ces séances du soir n'ont pas fait d'ailleurs un bon médecin de plus, pas un bon jurisconsulte de plus, pas un bon lettré de plus.

Lorsque Jean Standonc, qui devint principal du collége de Montaigu, après avoir été aide-cuisine, lorsque cet illustre Jean Standonc, passionné pour l'étude et impatient d'apprendre, dérobait un volume dans la *librairie* du collége et passait les nuits dans le clocher où il lisait à la clarté de la lune, c'était faute d'argent pour acheter des livres, c'était faute de temps pour lire et méditer. A cette époque, l'imprimerie ne faisait que de naître, les livres étaient chers et rares, les chefs-d'œuvre de l'antiquité n'étaient pas tous connus et publiés, et un aide-cuisine, qui aspirait à se faire savant, devait y employer les heures de son sommeil, sous peine de n'être jamais qu'un cuisinier. Quiconque pourtant était libre de ses journées alors pouvait s'instruire gratuitement, tout comme à la Bibliothèque du roi : on allait dans la rue du Feurre où se tenaient les grandes Ecoles des Nations; on entrait, sans déposer sa canne, son parapluie, voire même son poignard, dans des espèces de chenils garnis de bancs et de bottes de paille ; là, on entendait lire et commenter la grammaire de Donatus et Priscianus, la philosophie d'Aristote et de Scot, la poésie de Virgile et de Théodule, la théologie de Nicolas de Lyre et des décrétalistes : écoutait qui voulait, et qui voulait dormait, tout comme à la Bibliothèque du roi.

Cet enseignement gratuit venait bien à propos dans ce temps d'ignorance grossière, où tant de grands seigneurs ne signaient leur nom qu'avec une croix et ne suivaient la messe qu'en regardant des diptyques d'ivoire. C'était surtout les pauvres qui avaient la vocation de devenir savants et de parvenir ainsi aux premières charges de l'Eglise, de la magistrature et de l'Université. Ces écoliers, assidus et laborieux, mendiaient de porte en porte pour acheter du pain et du parchemin, les seules choses de nécessité pour eux. Ils n'avaient pas de livres, mais ils retenaient dans leur mémoire, mais ils mûrissaient en eux-mêmes les lectures et les leçons qu'on faisait à leur intention publiquement et presque à toute heure du jour. Suivant l'énergique expression d'un contemporain, « la Science descendait dans la rue pour reconnaître ses amants et les attacher à ses flancs avec des chaînes qui tombent de sa bouche d'or. » Certes, la Bibliothèque du roi, telle qu'on nous l'a faite, accessible à tous, chauffée en hiver et fraîche en été, eût été un bienfait incomparable pour nos pauvres écoliers du quinzième siècle.

Mais aujourd'hui les livres sont partout : ils regorgent, ils nous encombrent, ils nous menacent comme une armée de sauterelles ; on a beau les détruire sans cesse, sans cesse ils renaissent et se multiplient. L'épicier leur fait une guerre éternelle, surtout avant que la reliure se soit emparée d'eux, comme pour les mettre à l'abri du cornet; la reliure n'est qu'un appât nouveau pour le cordonnier, pour le cartonnier et pour tous les états qui ont intérêt à la destruction des livres : néanmoins; les livres déchirés et mis au pilon se métamorphosent toujours en papier blanc qui boira toujours l'encre des auteurs et des imprimeurs. Bien plus, le prix des livres s'est tellement abaissé, que le papier noirci coûte souvent moins cher que le papier blanc.

Et comme si ce n'était point assez d'avoir atteint, en fait de livres, la dernière limite du bon marché et de l'usage commun, il y a dans Paris dix grandes bibliothèques publiques, vingt bibliothèques spéciales semi-publiques, quatre cents cabinets de lecture au volume, à la séance et au mois!

Eh bien! la Bibliothèque du roi attire à elle seule plus de lecteurs que toutes les bibliothèques publiques, toutes les bibliothèques spéciales, tous les cabinets de lecture ensemble : la Bibliothèque du roi, qui, par son organisation, ne devrait recevoir qu'un public d'élite et ne rendre que des services littéraires ou scientifiques! Qu'est-ce, en effet, que la Bibliothèque du roi? Le dépôt universel de tous les livres imprimés en toutes langues depuis l'origine de l'imprimerie. Pourquoi a-t-on formé à grands frais pendant quatre siècles ce dépôt unique, auquel tous les écrivains français apportent en tribut le premier exemplaire de leurs ouvrages, et qui sert, en quelque sorte, d'archives générales à la pensée humaine? Pour que les oisifs, les flâneurs et les écoliers viennent là, tous les jours, de dix heures du matin à trois heures de l'après-midi, errer, s'asseoir, dormir, lire, écrire! Telle est maintenant la destination presque exclusive de la Bibliothèque du roi.

Cela est si bien reconnu par les conservateurs eux-mêmes, qu'ils ont imaginé de rassembler, dans ce qu'on nomme la *salle de lecture*, dix ou douze mille volumes les plus usuels, et l'on peut affirmer que si ce choix de livres avait été fait d'après les renseignements que fournit une expérience journalière, le nombre des volumes n'eût pas dépassé quatre mille, qui suffiraient amplement aux besoins de la consommation ordinaire. Le reste de la Bibliothèque deviendrait alors tout à fait inutile, excepté aux emprunteurs (nous reviendrons sur cette espèce parasite et incommode), que les livres de la salle de lecture ne contenteraient pas. Vous avez 800,000 volumes et 1 million de brochures, parmi lesquels il n'y a pas plus de 4,000 volumes qui soient consultés quotidiennement ; vous avez donc 796,000 volumes et 1 million de brochures qui ne servent à rien, si ce n'est à nourrir le ver rongeur du prêt à domicile. C'est une belle chose vraiment que la Bibliothèque du roi!

Entrez dans la salle de lecture de la Bibliothèque du roi, et relevez successivement tous les titres des livres qui sont aux mains des lecteurs. Voici ce que vous trouverez à chaque séance, quelque temps qu'il fasse dehors, soleil, pluie ou vent :

1° Cinquante volumes environ de journaux ou recueils périodiques, savoir : les tables du *Moniteur* et dix tomes au moins de ce volumineux *memento* de l'histoire contemporaine qu'on vient de réimprimer in-4° pour le populariser, et dont les grands cabinets de lecture possèdent seuls l'édition originale; six ou sept tomes du *Mercure de France*, quelquefois du *Mercure galant*, de l'*Année littéraire*, du *Magasin encyclopédique*, etc. ; dix tomes au moins de la *Revue des Deux-Mondes*, qui se lit beaucoup à la Bibliothèque du roi, comme partout ; deux tomes de feu la *Revue de Paris*; cinq ou six tomes de journaux révolutionnaires, ceux de Prud'homme, de Brissot, de Dumoulin, voire même de Marat et d'Hébert ; un tome du *Journal des Savants*; quelques tomes du *Journal des Débats*, de la *Revue britannique*, du *Journal des Modes*, de l'*Ami de la Religion*, etc. Ci, 50 lecteurs de journaux.

2° Cent volumes de dictionnaires, savoir : deux tomes de l'*Encyclopédie* de Diderot, dix tomes de l'*Encyclopédie méthodique,* vingt tomes du *Dictionnaire des gens du monde* et du *Dictionnaire de la conversation,* deux tomes du *Dictionnaire italien* de la Crusca, les six tomes du *Dictionnaire de la France* par Expilly, les dix tomes de Moreri, deux tomes du *Dictionnaire de Trévoux*, trois exemplaires du *Dictionnaire de l'Académie,* édition de 1845, cinq ou six tomes du *Dictionnaire de la noblesse*, par La Chesnaye des Bois; cinq ou six tomes du grand *Dictionnaire de médecine,* publié par Panckoucke; les quatre tomes du *Dictionnaire* de Bayle, quarante tomes de la *Biographie universelle* de Michaud, etc. Ci, 100 lecteurs de dictionnaires.

3° Trois exemplaires de l'*Histoire de la Révolution*, par M. Thiers, tous les volumes occupés, pendant que dix ou douze lecteurs attendent leur tour en voltigeant autour du bureau de MM. les conservateurs. Ci, 60 lecteurs de l'*Histoire de la Révolution*, par M. Thiers.

4° Deux exemplaires de l'*Histoire de Paris*, par Dulaure, tous les volumes occupés à la fois, déchirés, graissés, maculés. Ci, 20 lecteurs de l'*Histoire de Paris*, par Dulaure.

5° Trente volumes d'almanachs et annuaires, l'*Almanach royal* de l'année courante, pris et repris vingt fois pendant chaque séance, l'*Almanach des 25 mille adresses*, l'*Almanach des 100 mille adresses*, dix volumes de la collection des *Annuaires du bureau des longitudes*, de l'*Annuaire militaire*, de l'*Annuaire de l'Université*, etc. Ci, 30 lecteurs d'almanachs.

6° Cinquante volumes de théâtre, dix du *Magasin théâtral* de Marchand, et de la *France dramatique* de Barba, recueils publiés à trente centimes la pièce, dix volumes du *Théâtre* de M. Scribe, dix volumes d'œuvres dramatiques et de répertoires, les neuf tomes du *Dictionnaire théâtral* de Babault, la plus mauvaise de toutes les compilations de ce genre; quelques ouvrages du duc de La Vallière, des frères Parfaict, de Beauchamps, et quelques volumes du *Théâtre italien* de Ghérardi. Ci, 50 lecteurs de pièces de théâtre.

7° Cinquante volumes de généalogies, d'armoriaux, de traités sur le blason, la noblesse, etc., feuilletés et refeuilletés par des artistes chargés de copier des armes, par des jeunes gens qui s'intitulent *paléographes* et qui font tant bien que mal des extraits dans les écrits de Wulson de la Colombière, du père Ménestrier, etc. ; tous les volumes de l'*Histoire généalogique de la maison de France et des grands-officiers de la couronne*, par le P. Anselme et ses continuateurs, tous les registres de l'*Armorial général de la France*, par d'Hozier, etc. Ci, 50 lecteurs paléographes et dessinateurs d'armoiries.

8° Cinquante volumes de romans, savoir : *Aventures de Télémaque, Atala et Réné*, *Joseph* de Bitaubé, *les Martyrs*, *la Nouvelle Héloïse*, *Notre-Dame de Paris*; les romans de Voltaire, de Mme Cotin, de Lesage ; les *Causes célèbres*, quelquefois le *Cabinet des Fées*, enfin, tous les romans qui échappent à la proscription, que le nom seul de *roman* entraîne à la Bibliothèque du roi. Ci, 50 lecteurs de romans.

9° Cinquante volumes des grands recueils historiques, pour faire des extraits à tant le rôle : *Historiens des Gaules, Gallia Christiana, Ordonnances des rois de la troisième race*, recueils de d'Achery, de Martène, de Mabillon, etc. Ci, 50 lecteurs ou copistes, non experts assermentés, des grands recueils historiques.

10° Un volume de sciences occultes, magie, astrologie, démonomanie. Ci, 1 lecteur, toujours le même apparemment, des ouvrages de Nicolas Flamel, de Bodin, de Wier, de Paracelse, d'Eteilla, de Mlle Lenormand, etc.

11° Trente volumes de grands livres à figures, pour dessiner plus commodément qu'à la salle des Estampes, ou seulement pour récréer un flâneur : l'*Histoire de la Monarchie française*, par Montfaucon, la *Description de l'Egypte*, les *Voyages dans l'ancienne France*, par Charles Nodier, Taylor et de Cailleux, le *Musée de Florence*, des recueils de costumes, d'architecture, de fleurs et de fruits, de dessins de broderie, etc. Ci, 30 amateurs d'*images*.

12° Neuf ou dix volumes de bibliographie, toujours le *Manuel du libraire* de M. Brunet, la *France littéraire* de M. Quérard quelquefois pour une simple recherche d'utilité ou de curiosité, etc. Ci, 9 ou 10 bibliographes ou bibliogriffes.

13° Neuf ou dix volumes relatifs aux métiers : le

Bon Jardinier, le *Cuisinier royal*, le *Parfait Maréchal*, etc. Ci, 9 ou 10 apprentis qui veulent s'instruire héroïquement dans l'état qu'ils ont embrassé.

14° Vingt ou trente volumes de classiques grecs et latins, avec traduction française en regard, à l'usage des écoliers qui ont des versions à faire pour la classe du soir. Ci, 20 ou 30 écoliers, y compris leurs professeurs.

15° Dix ou douze volumes anglais, allemands, italiens, qu'on traduit avec ou sans dictionnaire pour les libraires, les revues, et aussi pour apprendre une langue. Ci, 10 ou 12 traducteurs *traductores, traditores*.

16° Trente ou quarante volumes de voyages, surtout ceux du capitaine Cook, les *Voyages autour du monde*, le *Voyage de Paris à Saint-Cloud*, etc. Ci, 30 ou 40 voyageurs.

17° Cinquante à soixante volumes divers, choisis au hasard par les curieux qui se promènent le long des armoires et qui s'inspirent du titre des livres pour en demander un qu'ils ne tardent pas à laisser là après l'avoir ouvert. Ci, 50 à 60 lecteurs d'occasion.

Voilà bien mes six cents lecteurs ordinaires et extraordinaires de la Bibliothèque du roi; voilà bien la statistique exacte des livres qu'ils viennent y chercher. Cette statistique, qui ne varie que fort rarement, est non-seulement le résultat d'une enquête plusieurs fois répétée sur les lecteurs et sur les livres, mais encore le produit du dépouillement des bulletins de demandes présentés chaque jour aux conservateurs, ou plutôt à l'infatigable M. Pilon, qui, depuis dix ans, fait distribuer les livres à tout venant et tient seul en ses mains les destinées de la salle de lecture.

Dans cette vaste salle, toute retentissante du bruit des pas qui s'y croisent sans cesse, il y a chaises et tables pour 400 lecteurs ; mais toutes les places étant prises ou gardées une heure après l'ouverture des portes, il faut bien que les derniers venus, qui n'ont pu trouver de siége vacant, songent à y suppléer de leur mieux ; car on continue à donner des livres tant que dure la séance ; de là, une active concurrence pour les places postiches que chacun se crée à sa fantaisie. L'un s'établit fièrement sur les gradins d'une échelle, qui devient aussitôt une espèce d'amphithéâtre; l'autre s'asseoit sans façon sur le parquet. Celui-ci accapare le fauteuil d'un bibliothécaire ; celui-là se contente du banc d'un gardien ; d'autres lisent debout, d'autres appuyés contre la muraille ; d'autres en se promenant, d'autres en attendant un siége qui ne se présentera pas ; le plus grand nombre stationne, en se rongeant les ongles et en se tirant les poils de la barbe, devant le bureau des conservateurs; mais tous ont fait leur choix parmi les livres que nous avons signalés plus haut, et qui sont, pour ainsi dire, les *nécessaires* de la Bibliothèque du roi.

M. Pilon, qui connaît son public aussi bien que les livres dont use ce public et que ce public use, ne nous démentira pas ; il sait mieux que personne quelle est cette foule incommode, inutile, tyrannique, dont la Bibliothèque du roi est encombrée ; il sait aussi qu'elle s'augmente et s'augmentera en proportion du nombre des siéges, et en raison de certaines circonstances atmosphériques, telles que la pluie, le froid, etc.; il sait enfin ce que le Conservatoire ne sait pas ou ne veut pas savoir, c'est-à-dire que tout le mouvement annuel des livres de la Bibliothèque n'atteint pas plus de quatre ou cinq mille volumes.

C'est bien : la libéralité nationale offre des livres à quiconque en demande ; il existe à Paris, aux frais de l'Etat, un superbe cabinet de lecture où l'on va lire gratuitement tout ce qui se lit, à l'exception des gazettes et des romans nouveaux ; belle et utile institution, vraiment ! Honneur au génie humanitaire qui s'est immortalisé en fondant des calorifères à la Bibliothèque du roi ! N'est-ce pas une ingénieuse imitation des salles d'asile et des chauffoirs publics? N'élèvera-t-on pas des statues à l'inventeur, sur ces calorifères qu'il a consacrés aux progrès des lumières, des lecteurs et de l'incendie de la Bibliothèque?

Rappelons aussi les imposantes leçons d'égalité que la Bibliothèque du roi donne publiquement aux partisans de l'aristocratie de l'intelligence, de l'esprit et du savoir. Le conservateur est un docte membre de l'Académie des inscriptions et belles-lettres, un membre spirituel de l'Académie française, un linguiste érudit, un écrivain éloquent, un professeur du Collége de France ou de la Sorbonne, un homme enfin entouré de toute la considération, de tout le respect que doit mériter une vie d'études sérieuses et de travaux distingués. Voyez ce conservateur, assis ou debout à son bureau, écoutant avec déférence les questions qu'on lui soumet, répondant même aux sornettes qu'on lui adresse avec fatuité et arrogance, s'inclinant devant des malotrus qui lui parlent le chapeau sur la tête ; en un mot, donnant audience au premier vagabond venu, au plus crotté, au plus infect, au plus insolent ! Il faut le voir pour le croire ; il faut l'avoir vu pour en être indigné.

Encore, si cet état de choses anormal profitait à la science ! Mais loin de là ; cette foule, que la routine, le désœuvrement, les calorifères et le reste font affluer à la Bibliothèque, empèche les studieux, les lettrés, d'en approcher et surtout d'en faire bon usage ; c'est pour cette foule, que la fameuse mécanique fonctionne, que M. Pilon transmet des ordres qui circulent de la cave au grenier, que les conservateurs harassés tournent les feuillets d'un soi-disant catalogue, que les vélocipèdes employés montent et descendent, apportant et emportant des livres, que l'horloge compte les minutes et sonne les heures! Et la salle de lecture n'a été faite que pour cette foule, qui ne se plaint jamais d'une longue et vaine attente vis-à-vis du bureau, ni d'une recherche perdue à travers le dédale des catalogues, ni des lenteurs d'un travail auquel les livres font défaut, ni enfin de l'absence totale des ouvrages que mentionnent les susdits catalogues!

Il y a une expression consacrée parmi les jeunes écrivains qui ne se piquent pas de savoir ce que c'est qu'un livre : «Nous trouverons cela à la Bibliothèque du roi. » Mais il y a une expression toute contraire qui s'emploie souvent chez les véritables fureteurs de livres : « On ne trouve rien à la Bibliothèque. » Ces deux expressions sont justes l'une et l'autre, bien que contradictoires en apparence. Les livres usuels, les dictionnaires, les encyclopédies, etc., ne manquent pas à la Bibliothèque, et la communication en est facile; mais les livres rares en tous genres, ceux surtout qui ont paru sans nom d'auteur, n'arrivent qu'avec beaucoup de peine dans les mains du bibliophile ou du savant, faute de bons catalogues qui les signalent, faute de bibliothécaires actifs qui les connaissent, faute de temps pour les chercher et pour les découvrir : ces livres, pour la plupart, sont donc à la Bibliothèque comme s'ils n'y étaient pas.

Et qu'on ne regarde pas le prêt des livres comme une compensation accordée aux littérateurs, pour les dédommager de n'avoir presque aucune part dans les séances de lecture, pour leur confier à loisir l'ouvrage qu'ils ne pourraient consulter qu'à la hâte durant ces séances ! Non, le prêt des livres, cet abus monstrueux qui nuit à tout le monde et ne sert réellement à personne, n'offre pas même l'avantage qu'on pourrait en attendre : ces livres, désignés sur un bulletin qu'on abandonne à la discrétion du bibliothécaire et de ses employés, ne sont nullement l'objet d'une recherche assidue et intelligente ; ils ne répondent guère à l'appel, quand le catalogue ne dit pas où ils se cachent, et bien des fois le catalogue constate leur présence à la Bibliothèque, sans qu'on daigne les poursuivre, par exemple, jusque dans les combles : l'ouvrage est censé manquer ; et force est de se rejeter sur un autre, de seconde ou de troisième main, qui s'en va courir toutes les chances du prêt à domicile, affronter les taches d'encre, d'huile et de graisse que le sort lui garde, et tomber peut-être, en cas de mort de l'emprunteur, dans les filets d'une succession.

Quant à ceci, je le déclare : je n'ai jamais rencontré les livres que j'allais chercher à la Bibliothèque, soit pour les emprunter, soit pour les lire ; je ne les trouvais pas même dans les catalogues, parce que ces catalogues sont encore un chaos ; je ne les trouvais pas davantage en place dans les armoires, parce que le classement des livres est partout insolite et imparfait ; j'ai passé des séances entières à attendre, des séances entières à suivre à la piste un volume que les prédécesseurs de MM. Van Praet et Naudet avaient eu la précaution d'inventorier; j'ai mis à l'épreuve tout ce qu'il peut y avoir de complaisance chez un bibliothécaire, et après une prodigieuse perte de temps, de recherches, de pas, de prières et d'espérances, j'ai dû toujours renoncer à obtenir mes chers *desiderata*. Il est vrai que je ne demandais pas un volume de la *Biographie universelle* ou de la *Revue des Deux-Mondes*.

Faut-il en accuser les catalogues, ou les bibliothécaires, ou la Bibliothèque? Accusons plutôt les six cents lecteurs de la salle de lecture, qui ne laissent pas aux bibliothécaires un moment de répit pour mettre à jour les catalogues et pour administrer la Bibliothèque du roi.

III.

J'ai dit quels sont les livres ordinairement et presque invariablement demandés à la Bibliothèque du roi. Ces livres, on les trouverait la plupart à acheter chez les libraires, à louer dans les cabinets de lecture. C'est donc par économie qu'on va les chercher à la Bibliothèque du roi. Cette économie, fort minime pour chaque lecteur, coûte très-cher au budget de l'État, comme on peut s'en convaincre en mettant deux chiffres en présence.

Six cents lecteurs, à 20 centimes la séance, dépenseraient par jour environ 120 fr., et par année, non compris les jours de fête et les vacances, environ 36,000 fr. La Bibliothèque du roi, avec son directeur, ses conservateurs, ses employés, ses frotteurs, ses achats, ses reliures et ses travaux intérieurs, coûte, année commune, 160,000 fr. ; total des frais superflus, 124,000 fr., que l'on peut encore dégrever de 14,000 fr., en comptant deux sous par chaque volume prêté aux emprunteurs autorisés.

Ainsi donc, il ne faudrait pas plus de 50,000 fr. par année pour remplacer entièrement la Bibliothèque, et contenter son public qui lit gratis trois ou quatre mille volumes au milieu de 800,000 volumes et d'un million de brochures tout à fait inutiles. Avis aux députés qui cherchent des réformes économiques et qui prêchent la guerre des départements contre Paris. Qu'on propose l'établissement d'un cabinet de lecture central, royal, national, le nom ne fait rien à l'affaire, et qu'on lui accorde une indemnité annuelle de 50,000 fr., voilà la Bibliothèque du roi dépossédée de ses 600 lecteurs et de ses 200 emprunteurs ; la voilà sauvée ou perdue, suivant la nouvelle destination qu'on lui donnera, pourvu qu'on n'imagine pas de l'utiliser en y ouvrant des séances du soir.

Mais, dans l'état actuel des choses, la Bibliothèque, qui n'est qu'un cabinet de lecture dirigé par des savants et des académiciens, fait grand tort aux cabinets de lecture, non-seulement à ceux du Palais-Royal, mais à ceux du quartier latin, surtout quand le temps est beau et la promenade agréable. On ne regarde pas à payer un sou pour passer le pont des Arts ou le pont des Saints-Pères, lorsqu'on va économiser quatre ou cinq sous, et même six, en lisant à la Bibliothèque ce qu'on ne lirait pas plus commodément à la Tente ou chez Blosse, au passage du Commerce. L'économie, cette cousine germaine de l'avarice, est simplement tenue de déposer, sans rétribution, sa canne ou son parapluie à la porte.

Or, est-il délicat, est-il honnête de ruiner de la sorte les pauvres cabinets de lecture, de leur enlever leurs habitués, d'offrir au premier passant, de prêter même en ville, et toujours gratuitement, ces revues et ces ouvrages que le gouvernement a le privilége de recevoir à titre gratuit et officiel?

Un petit cabinet de lecture achète pour 300 ou 400 fr. de livres chaque année; un grand cabinet de lecture ne débourse pas moins de 1,000 ou 1,500 fr. pour augmenter son fonds. Mais la Bibliothèque du roi, qui prélève un exemplaire de tout ce qui s'imprime en France, ne paye aucune indemnité à personne : en revanche, elle est instituée pour mettre dans les mains de tout le monde le tribut onéreux qu'elle fait supporter aux auteurs comme aux éditeurs. Est-ce là de la libéralité? est-ce là de la justice?

J'imprime mon livre pour moi et mes amis : vous le prostituez à tout venant ; je compte, pour vivre, sur le produit d'un ouvrage auquel la curiosité ou la nécessité donneront des acquéreurs : vous vous servez de l'exemplaire que je vous ai confié en dépôt, pour diminuer le nombre des acheteurs, en augmentant celui des lecteurs, il est vrai ; j'ai fait d'énormes frais d'impression et de gravure : vous en profitez et vous en faites profiter les autres avec une générosité qui ne vous coûte rien et qui me coûte beaucoup ; vous vous faites honneur de mon bien, vous prenez la dîme de ma récolte, et vous êtes charitable à mes dépens !

Il y a tel ouvrage, dont le prix de revient s'élève à 200 fr. pour chaque exemplaire tiré; tel ouvrage, qui n'a qu'une valeur représentative assez minime, est souvent l'unique ressource d'un auteur, le plus clair bénéfice d'un libraire. Eh bien ! tout exemplaire transmis à la Bibliothèque du roi par le Dépôt de la librairie, emporte une perte réelle pour l'auteur et pour le libraire ; ce n'est pas seulement un exemplaire invendu, un exemplaire donné, un exemplaire prêté, c'est un exemplaire qui échappe plus qu'un autre aux causes fortuites de destruction, qui se perpétue, pour ainsi dire, en changeant toujours de mains sans changer de propriétaire, qui détourne l'acheteur, et qui ne produira jamais rien, pas même un sentiment de reconnaissance en faveur du donateur. Cet axiome existe depuis longtemps en librairie : «Un exemplaire donné empêche la vente de cinq exemplaires.» Etablissons un axiome non moins certain : «L'exemplaire du Dépôt est plus nuisible à l'éditeur d'un livre, que dix exemplaires donnés.»

Si l'État prélevait un droit en nature sur le vin et sur le blé, distribuerait-il à tout venant ces denrées prélevées, sous prétexte qu'elles ne lui coûtent rien ? Quel avantage résulte-t-il du Dépôt de la librairie, soit pour les auteurs, soit pour les éditeurs ? Un des deux exemplaires reste au Dépôt comme renseignement, comme gardien d'une propriété reconnue par la loi. Mais le second exemplaire, que va-t-il faire à la Bibliothèque du roi ? Passe encore si la Bibliothèque en payait quelque chose !

Doute-t-on du préjudice que la Bibliothèque du roi cause aux cabinets de lecture, aux revues et aux journaux, aux libraires et aux auteurs ?

Les trois cents cabinets de lecture de Paris se partageant tous les jours les six cents lecteurs qui s'agglomèrent à la Bibliothèque, ce serait une moyenne de 180 fr. de plus dans la recette annuelle de chaque cabinet. Ce n'est pas tout : il y a quinze ans, la Bibliothèque ne comptait guère que cent cinquante lecteurs par séance ; où a-t-elle pris les quatre cent cinquante lecteurs qui ont porté ce nombre jusqu'à six cents? N'est-ce pas aux cabinets de lecture?

Les revues, nous l'avons dit, sont beaucoup lues à la Bibliothèque, la ***Revue des Deux-Mondes*** surtout, et à juste titre, car ce recueil est le plus substantiel, le plus varié et le plus curieux qui existe en Europe, n'en déplaise aux *magazines* anglais. Or, l'exemplaire de la ***Revue des Deux-Mondes*** à la Bibliothèque du roi, ayant toujours une douzaine de lecteurs inamovibles qui le dévorent, fait à lui seul plus d'usage que les exemplaires de dix cabinets de lecture, que les exemplaires de quarante abonnés. N'est-il pas certain que ces douze lecteurs, allant chercher à leurs risques et deniers leur pitance quotidienne de ***Revue des Deux-Mondes*** dans les douze arrondissements de Paris, augmenteraient dans une proportion sensible la publicité et les revenus de cet excellent recueil?

Et les journaux? On ne les prête pas à la Bibliothèque du roi, de crainte d'abus, du moins les journaux du jour; mais les hydrophobes de lecture, qui se précipitent à la curée de la Bibliothèque dès dix heures du matin, n'iraient-ils pas d'abord se jeter sur les journaux, cette pâture commune et abondante de tout le monde? Les plus pauvres et les plus avares trouveraient bien un sou à dépenser par jour au profit de la presse périodique. Peu leur importe ce qu'ils lisent pourvu qu'ils lisent, et bientôt un journal ne contiendra pas moins de matière qu'un volume in-octavo. Lancez sur la place vos six cents lecteurs de la Bibliothèque comme une armée de sauterelles, et ils se disputeront les feuilles du matin et du soir, de la veille et du lendemain.

Les auteurs et les libraires ne sont pas seulement lésés par le fait des exemplaires du Dépôt que la Bibliothèque du roi prête si généreusement à qui les demande, mais ils ont encore à souffrir de la diminution progressive des acheteurs et des bibliothèques particulières. Les exemplaires du Dépôt, nous l'avons déjà dit, font pour la vente, pour la première vente, pour la meilleure et la plus sûre, une perte de dix, ou quinze ou vingt exemplaires. Si l'ouvrage n'a pas de succès, dix exemplaires de moins ou de plus ne sont point indifférents, n'arriveraient-ils qu'en déduction de frais d'impression, de papier et d'annonces; si l'ouvrage a du succès, s'il est réimprimé plus d'une fois, le préjudice causé à l'auteur et à l'éditeur se renouvelle et se multiplie à chaque édition, puisque chaque édition est grevée du dépôt légal. Ainsi, l'*Histoire de la Révolution* par M. Thiers, a eu quinze ou vingt éditions différentes : ce sont quinze ou vingt exemplaires que la Bibliothèque du roi tient en réserve pour ses lecteurs présents et futurs. Le livre ne fera pas défaut à la consommation de la lecture.

Quant au goût des livres, à ce goût dévoué et persévérant qui forme les bibliothèques, celles des travailleurs comme celles des bibliophiles, il s'affaiblit, il se refroidit, il se perd de plus en plus, sous l'influence de la Bibliothèque du roi. Qu'est-ce, en effet, que le goût des livres? le sentiment éclairé de la possesssion la plus noble et la plus utile. Qu'est-ce que la Bibliothèque du roi? l'exemple funeste de l'abnégation des livres, s'il est possible de représenter par cette expression le contraire du goût, de l'amour des livres. Les cabinets de lecture, on l'a répété souvent, sont la plaie de la librairie, non parce qu'ils empêchent d'acheter un livre, mais parce qu'ils dissuadent d'en réunir plusieurs. Une fois qu'on peut se dire : « Je trouverai tel livre ici, tel autre là, pour les lire, cela suffit » , on est mort au goût des livres, on n'appréciera jamais l'importance, la nécessité d'une bibliothèque à soi ; on ira lire à la Bibliothèque royale comme on va se promener dans le jardin des Tuileries, promenade et lecture publiques.

Et ce sont des savants et des gens de lettres qui comprennent si mal l'usage d'une Bibliothèque ! Ce sont même des académiciens qui prêchent ainsi d'exemple le détachement absolu de ces amis qu'on appelle livres et que le vent ne disperse pas comme les autres amis ! Plaignons notre temps qui fait un si effroyable abus de la Bibliothèque du roi et qui ne se soucie presque plus des bibliothèques particulières : c'est avarice, c'est ignorance, c'est paresse, c'est habitude. Tout le monde compte sur la Bibliothèque du roi ; personne aujourd'hui ne se soucie donc d'avoir des livres, encore moins une bibliothèque : « Les livres coûtent trop cher, les reliures coûtent autant, les bons ouvrages seront imparfaits demain, une bibliothèque tient trop de place, et d'ailleurs c'est un capital onéreux, attendu qu'il n'engendre que des frais d'entretien.» On raisonne par sou, maille et denier, en ce beau siècle de progrès.

Hélas! comparons les bibliothèques de Paris à deux siècles de distance, au commencement du règne de Louis XIV. La Bibliothèque du roi ne renfermait encore que 40,000 volumes, quoique le dépôt légal, fixé alors à cinq exemplaires, eût été inventé depuis François Ier pour les besoins de la censure politique et religieuse ; mais en compensation, à la même époque, Paris, avec une population de 500,000 âmes, possédait six cents bibliothèques, dont la moindre avait environ 1,000 volumes, la plupart de format in-folio et in-quarto!

Ouvrez le *Traité des plus belles bibliothèques*, par le père Louis Jacob, ce bibliophile passionné qui croyait aux bibliothèques autant qu'à Dieu et qui eût voulu mettre des livres partout; vous verrez dans ce traité que Paris était la ville du monde où il y eût alors le plus de bibliothèques : chaque grand seigneur, chaque magistrat, chaque écrivain avait la sienne, dont il se servait pour ses études et pour sa récréation. C'eût été se mal recommander dans la politique, dans l'administration, dans les lettres et même dans les bureaux d'esprit, que de ne s'être pas entouré de livres. Toutes les personnes qui en rassemblaient ne les lisaient point sans doute, mais elles semblaient les lire ou les avoir lus. Ces bibliothèques avaient presque la même composition, car on ne songeait pas encore à former des collections spéciales. On considérait une bibliothèque comme un bureau de renseignements, comme un répertoire de la conversation, comme une aide indispensable des travaux intellectuels. Les livres étaient en quelque sorte des outils qu'il fallait avoir à soi pour les trouver toujours sous sa main. On aurait montré au doigt un chef de grande maison, un conseiller au Parlement, un académiste, un homme d'Etat, même un poëte, qui se seraient affranchis de l'utile et honorable préjugé d'une bibliothèque. Cette bibliothèque devint tellement inséparable de toute idée d'éducation, de noblesse et de goût, que les financiers achetèrent des livres pour en parer les murailles de leur cabinet ; quelques-uns, subitement enrichis, imaginèrent de remédier aux lenteurs de la formation d'une bibliothèque réelle, en créant une bibliothèque postiche composée de dos de livres simulés, qu'on appela *bibliothèque de partisans*.

La Bibliothèque du roi existait pourtant alors, et aussi la Bibliothèque du cardinal Mazarin, et encore la Bibliothèque de l'abbaye de Saint-Victor, et d'autres bibliothèques ouvertes au public chez les moines et chez des grands seigneurs. Mais on n'en était pas moins jaloux de faire soi-même sa bibliothèque ou d'augmenter celle qu'on avait reçue de ses ancêtres. Il eût fait beau voir un hôtel sans bibliothèque ! Les plus pauvres parmi les littérateurs tenaient à honneur d'amasser des livres. Ce fameux François Colletet, que Boileau nous a montré *mendiant son pain de cuisine en cuisine*, se passait de dîner pour acheter un volume manquant à sa collection, et c'était en longeant les parapets du Pont-Neuf, où les bouquinistes de ce temps-là étalaient leur marchandise, qu'il se crottait *jusqu'à l'échine*. Les livres, qui faisaient le trésor et le bonheur de ce poëte famélique, sont encore le plus bel ornement des armoires de nos riches bibliophiles. Ces romans de chevalerie, ces mystères, ces poésies gothiques, qu'on paye au poids de l'or, que Bauzonnet et Niédrée habillent magnifiquement de maroquin du Levant, nous viennent la plupart de l'honnête Colletet, qui vivait et rimait si misérablement.

Et alors la destinée des livres nouveaux était bien différente de celle des livres d'à présent! Les 600 bibliothèques particulières de Paris, les 400 bibliothèques particulières de la province, les 500 bibliothèques de couvents, avaient toutes un fonds spécial affecté à l'acquisition des ouvrages qu'on publiait à plus haut prix et en aussi grand nombre qu'aujourd'hui. Consultez, à cet égard, la *Bibliographia parisina* et la *Bibliographia gallica* du père Louis Jacob, qui, pendant treize ans consécutifs, de 1640 à 1653, enregistra tous les livres sortis des presses françaises, comme le fait maintenant son docte successeur, M. Beuchot. Ce n'étaient pas des in-12 compactes et des in-8° à moitié vides que l'on vendait chez les Barbin, les Cramoisy et les Billaine, c'étaient de bons gros in-folio et in-quarto, qui, selon l'expression de Boileau, se voyaient dès leur apparition *entourés d'acheteurs*. On peut juger, à la lecture des lettres de Guy Patin, quelle était l'ardeur de tous les hommes éminents pour l'accroissement de leur bibliothèque, lorsque ce médecin illustre écrit à Spon de souscrire à dix exemplaires des œuvres philosophiques de Duns-Scot, qu'on imprimait à Lyon, en 30 volumes in-folio, et à douze exemplaires des œuvres latines de Launoy, en 13 volumes in-folio, parce qu'il distribuera, dit-il, ces exemplaires entre ses amis. Quelle est la bibliothèque particulière où l'on voudrait, où l'on pourrait accueillir 40 volumes in-folio arrivant à la fois? Trouverait-on de nos jours, dans le mon de entier, dix souscripteurs, y compris les souverains et les philosophes, pour les œuvres de Launoy et de Duns-Scot?

Ne nous lassons pas de le redire : au goût des livres a succédé le dégoût des livres ; les bibliothèques disparaissent l'une après l'autre et ne renaissent pas de leurs cendres. Naguère il y avait en France 1,000 à 1,500 acheteurs pour tout livre nouveau que le ridicule ne tuait pas à sa naissance : grands seigneurs, lettrés, financiers et couvents se partageaient les premiers exemplaires d'une édition qui en comprenait au moins 2,000, souvent le triple, et qui s'épuisait en deux ans. A l'heure où j'écris, les meilleurs ouvrages, et j'en pourrais citer d'admirables, ne se vendent pas à 150 exemplaires pour toute la France, pour toute l'Europe, quand ils ont du succès ; il en est qui obtiennent même ce succès d'opinion, à l'aide des exemplaires donnés par l'auteur, et qui restent dans la boutique du libraire, jusqu'à ce qu'ils en sortent pour s'éparpiller sur les quais ou pour être roulés en cornets chez l'épicier. Sans les cabinets de lecture, ces romans qu'on lit le plus, parce qu'on les loue au mois et au volume, seraient morts-nés. Les seuls livres qu'on achète, ce sont des livres usuels et nécessaires ; le médecin aura quelques ouvrages de médecine ; l'avocat, quelques ouvrages de droit ; le chimiste et le mathématicien, quelques ouvrages de science ; mais l'homme de lettres, mais la femme du monde, mais le riche parvenu, mais le député et le pair de France n'auront pas d'autres livres que ceux de la Bibliothèque du roi et ceux de leur voisin le cabinet de lecture. Les ouvrages frivoles, on les prend au cabinet de lecture ; les livres sérieux, à la Bibliothèque du roi.

Où nous mènera ce déplorable état de choses? à l'accroissement illimité des lecteurs et des emprunteurs de la Bibliothèque du roi ; à la *dépopulation* des bibliothèques particulières ; au vandalisme final. Le farouche Omar n'a peut-être brûlé la célèbre bibliothèque d'Alexandrie, que pour corriger un abus et forcer les gens qui savaient lire à faire achat de livres ; il nous faut donc une espèce d'Omar qui ferme la Bibliothèque du roi, au lieu de la brûler. Alors seulement, les bibliothèques privées ressusciteront avec le goût des livres. Quant à présent, voici la situation exacte des livres et des libraires, des bibliothèques et des cabinets de bibliophiles à Paris :

Il n'y a pas à Paris en ce moment plus de vingt bibliothèques particulières renfermant 10 ou 12,000 volumes de bons ouvrages, choisis et classés dans l'ordre bibliographique. On nommerait, au besoin, celle de feu M. de la Renaudière, laquelle, dit-on, restera intacte entre les mains de ses enfants ; celles de MM. Quatremère, Raoul-Rochette, Walkenaer, Beugnot, Cousin, etc. Encore, chacune de ces bibliothèques est-elle plutôt spéciale que générale. Chez M. de la Renaudière, ce sont des voyages ; chez M. Quatremère, des livres orientaux ; chez M. Walkenaer, des éditions originales de classiques francais ; chez M. Cousin, des ouvrages de philosophie ; chez M. Beugnot, des historiens. Nous ne connaissons pas une collection de 50,000 volumes, depuis que celle de M. Coquebert de Montbret a été transportée à la campagne. Mais, en revanche, les cabinets de bibliophiles ont augmenté en raison de la diminution des bibliothèques. On compterait une vingtaine d'admirables *bibliothières* qui ne renferment que des livres de choix, rares, singuliers, précieux, des reliures splendides, élégantes, extraordinaires. Ces réunions de beaux volumes ont aussi la plupart un caractère de spécialité : M. Motteley rassemble les Elzeviers et les petites éditions de Hollande ; M. Armand Bertin, les romans de chevalerie ; M. Ternaux, les écrits relatifs à l'Amérique ; M. de Fitz-James, les vieilles poésies ; M. Sicongne, les mystères ; M. Pichon, les reliures ; M. Aimé-Martin, les vieux livres annotés, etc. M. le baron Taylor est le seul amateur de livres, qui en possède plus de 25,000 et qui ait formé deux ou trois collections spéciales, grands ouvrages à figures, théâtres, et littérature espagnole.

Cette décadence des bibliothèques particulières annonce celle des libraires, qui sont au nombre de 500, et qui ne font pas ensemble autant d'affaires que 50 épiciers. Ceux-ci, il est vrai, ne vendent les livres qu'en cornets. Sur le personnel de 500 libraires avec ou sans brevets, que le feu sacré de la librairie entretient à Paris, il n'en est que quatre ou cinq qui fassent le commerce des anciens livres : Techener, dont le nom est connu dans toute l'Europe bibliophile; Tilliard, qui a la confiance des principales bibliothèques étrangères; Potier, qui est plus jaloux d'étudier que de vendre; Mme Porquet, qui a vieilli dans l'amour des in-folio; Delion, successeur du savant Merlin : tels sont les derniers protecteurs de ces vieux livres, sans lesquels on ne saurait faire une bibliothèque. Tous les vieux livres qui leur échappent vont tomber sur les quais, s'y dessécher au soleil ou y pourrir à la pluie. Les livres nouveaux n'occupent pas plus de trente maisons de librairie, parmi lesquelles quelques-unes prospèrent, quelques autres végètent et beaucoup d'autres s'écroulent. Les ouvrages populaires, les ouvrages illustrés, les classiques compacts, les pittoresques, ont redonné un instant d'existence brillante à cette librairie qui porte en soi tant de germes de mort, malgré tant de dépôts, de boutiques, de comptoirs, où l'on étale beaucoup de livres pour en vendre si peu. Donc, hormis certaines librairies spéciales pour la jurisprudence, la médecine, la théologie, l'*Histoire de la Révolution*, par M. Thiers, les chansons de Béranger, etc., les seuls qui gagnent de l'argent sont les regrattiers des faillites de libraires, les revendeurs de livres au rabais, Lebigre, Marescq, Béchet, etc., spéculation bien simple, qui ne demande pas de brevet de capacité : il s'agit de vendre 10 sous un volume acheté 3 sous, lequel a coûté 3 francs de fabrication et se vendait 6 francs chez l'éditeur. Les livres nouveaux en sont là.

Eh bien ! je le répète et le répéterai sans cesse, la Bibliothèque du roi n'est pas étrangère à cette ruine de la librairie : elle a créé des lectures gratuites et faciles, des emprunts périodiques de livres; elle fait décroître ainsi le nombre des acheteurs de livres, dans une proportion effrayante : elle semble poser en principe que les livres deviennent inutiles une fois qu'on les a lus. Ce principe est un arrêt de mort contre les bibliothèques particulières. On compte sur les bibliothèques publiques ; on ne se donne pas la peine de chercher un livre en librairie, on ne se donne pas le crève-cœur de l'acheter : on va le consulter à la Bibliothèque, si on n'a pas le privilége de l'emporter chez soi. Il n'est pas plus long d'envoyer à la Bibliothèque chercher un livre, que d'envoyer à la Tente ou au salon Valois, et c'est autant d'économisé. Les jeunes gens, au lieu de feuilleter et de refeuilleter un volume qui leur appartient, en effleurent dix à la Bibliothèque du roi; les savants et les littérateurs qui ont des travaux à faire avec des livres, empruntent tout ce qu'il faut lire ou extraire, et ils se félicitent de n'avoir pas à supporter la dépense et l'embarras d'une bibliothèque. L'illustre M. Augustin Thierry, qui a écrit ces excellents ouvrages historiques que nous avons tous achetés, n'a pas un volume à lui ; M. Villemain, qui a fait des cours de littératures comparées, n'a que ses propres ouvrages dans sa bibliothèque. Où sont, hélas! les immenses bibliothèques des Falconet, des Soubise, des Secousse!

Oui, les facilités excessives données à la lecture proprement dite dans les bibliothèques publiques, et surtout à la Bibliothèque du roi, doivent inévitablement anéantir ce qui reste de bibliothèques particulières, arrêter la formation de nouvelles bibliothèques, décimer et ruiner les libraires et les cabinets de lecture, tuer à la fois le livre et l'auteur. Est-ce que les bureaux de charité distribuent des secours au premier venu? Ne faut-il pas un certificat d'indigence pour y participer? Les livres sont aussi nécessaires que le pain, sans doute; mais pourquoi prêter des livres à ceux qui devraient en louer ou en acheter? Les bibliothèques publiques seront, si vous voulez, les bureaux de charité de l'intelligence liseuse; mais la Bibliothèque du roi doit être l'arche sainte de la science et des lettres.

IV.

Une bibliothèque sans catalogue, c'est le chaos, et ce chaos-là ne pourrait être débrouillé en six siècles, si l'ordre qu'on veut y introduire était sans cesse aux prises avec le désordre préexistant et prédominant. Un vieux théologien a eu la même pensée au sujet de la création du monde, lorsqu'il a dit que Dieu, avant de commencer l'œuvre des six jours, s'était assuré d'abord que le diable ne viendrait pas le troubler. En effet, le monde était créé, quand l'esprit du mal sortit de l'enfer et pénétra dans le paradis terrestre. On comprend donc que la

Bibliothèque du roi ne verra jamais s'achever son catalogue, tant que l'esprit du mal y mettra obstacle et défera aujourd'hui l'ouvrage de la veille. Qu'est-ce que l'esprit du mal dans une bibliothèque? ce n'est personne exclusivement, mais c'est un peu tout le monde; c'est vous, privilégiés, qui emportez des livres sous le manteau du prêt; c'est vous, public anonyme, qui usez et abusez du droit de lecture; c'est vous, bibliothécaires, qui occupez la place de la science sans vous soucier d'acquérir la science de la place; c'est vous, c'est lui, c'est moi!

Il faut ne pas avoir la moindre idée de ce qu'est un catalogue et surtout de ce que devrait être le catalogue de la Bibliothèque du roi, pour espérer qu'il puisse un jour sortir de cet état de choses, c'est-à-dire de cet état de livres.

Le fondateur de la Bibliothèque Ambroisienne de Milan, Frédéric Borromée, a eu du moins sur les conservateurs de la Bibliothèque royale de Paris l'avantage de la franchise: il a ordonné, dans l'acte même de sa glorieuse fondation, qu'on ne ferait pas de catalogue pour les 60,000 volumes imprimés et pour les 15,000 manuscrits qu'il léguait à sa ville archiépiscopale, et depuis sa mort, en 1634, on n'a eu garde de transgresser ses volontés suprêmes. Il n'y a pas encore de catalogue à l'Ambroisienne ; il n'y en aura peut-être jamais. Le pape n'accordera pas de dispense pour cet objet. Aussi, le *préfet* de cette célèbre bibliothèque déclare-t-il tout net à qui veut l'entendre, qu'un catalogue imprimé serait un attentat à la mémoire du savant archevêque, que sa passion pour les livres a empêché d'être canonisé comme son cousin saint Charles Borromée. « Un catalogue, nous disait ce scrupuleux successeur d'Antonio Olgiati, ne sert qu'à exciter la convoitise des voleurs et à les diriger dans leurs larcins. » En parlant de la sorte, il pensait, sans doute, aux pertes irréparables que sa bibliothèque avait faites pendant l'occupation de la Lombardie par nos armées victorieuses. Je m'expliquai alors le motif de sa haine contre les catalogues. Un essai de catalogue manuscrit, trouvé par les commissaires de la République française, avait, en effet, dirigé leurs spoliations. « En ce cas, repris-je, il faut que le bibliothécaire soit lui-même un véritable catalogue vivant, et qu'il se laisse feuilleter complaisamment, à défaut d'un catalogue en volumes. » Il s'inclina en souriant et me dit : « *Volgi, signore, volgi!* »

Cette manière de catalogue présente sans doute un certain genre d'utilité : le choix et l'appréciation des ouvrages qu'on en tire; et nous avons vu ainsi feu M. Van Praet, qui était à lui seul la Bibliothèque du roi incarnée, ne consulter que sa mémoire pour y trouver des titres de livres que le meilleur catalogue n'aurait peut-être fourni qu'après de longues et minutieuses recherches. Mais on n'a pas tous les jours sous la main un M. Van Praet à consulter; d'ailleurs, M. Van Praet lui-même n'est malheureusement pas immortel, et le catalogue qu'il porte dans sa tête mourra donc avec lui. Il n'y a que les catalogues dressés par cartes et enregistrés sur papier, qui soient durables et qui puissent se compléter, se perfectionner, de génération en génération de bibliothécaire. Ce n'est pas tout : si, dans une bibliothèque peu fréquentée, le bibliothécaire supplée à l'absence d'un catalogue et connaît la place de tous les volumes qu'on lui demande, ce bibliothécaire, si savant et si complaisant que vous le fassiez, devient presque inutile dans une grande bibliothèque, où vingt, trente, quarante personnes s'adressent à lui en même temps ; car il n'a pas cinquante oreilles pour entendre, cinquante bouches pour répondre, cinquante mains pour prendre et donner des livres, eût-il l'esprit assez présent, assez lucide, assez mobile pour rendre presque coup sur coup cinquante oracles bibliographiques. La bibliographie n'est pas de la divination.

Il faut donc, dans toute bibliothèque, un catalogue, c'est-à-dire plusieurs catalogues par noms d'auteurs, par titres d'ouvrages et par matières, catalogues partiels se liant l'un à l'autre et composant le vaste ensemble d'un catalogue général. C'est surtout à la Bibliothèque du roi qu'un catalogue de cette espèce est nécessaire, indispensable. Tout le monde le pense ainsi, ceux-là même qui ne font rien pour réaliser un problème qu'ils traitent de chimère, comme si c'était la quadrature du cercle. Voilà un siècle et demi qu'on s'en occupe en effet, et nous ne sommes guère plus avancés qu'au commencement.

En 1739, ce catalogue commençait à paraître :

les abbés Sallier et Boudot avaient coordonné, corrigé et achevé les travaux de leurs prédécesseurs ; il n'était plus question que de faire imprimer ces inventaires si exacts et si amples, copiés et recopiés par le laborieux écrivain Buvat, dont la conspiration de Cellamare n'avait pas ralenti la plume. On imprima donc, de 1739 à 1742, trois volumes in-folio consacrés à la Théologie ; en 1750, deux autres volumes contenant les Belles-Lettres; puis, en 1753, le premier tome de la Jurisprudence, et l'on s'arrêta là. Quant aux manuscrits, du moins les manuscrits orientaux, grecs et latins, ils avaient été bien décrits, quoique trop superficiellement, par Anicet Mellot, qui publia, de 1739 à 1744, quatre volumes in-folio de ce catalogue rédigé en latin, qu'on n'a pas encore songé à continuer. On a peine à s'expliquer les motifs qui empêchèrent l'impression des volumes suivants du catalogue des livres. L'abbé Boudot mourut, il est vrai, en 1784, mais l'abbé Sallier lui survécut six ans et ne publia rien, non plus que son collègue Copperonnier, qui travailla jusqu'à sa mort au second volume de la Jurisprudence, lequel n'a jamais vu le jour, bien qu'on en ait imprimé plus de 600 pages. A cette époque, dit-on, la Bibliothèque du roi ne renfermait pourtant que 80,000 volumes.

Il est probable que l'abbé Sallier fut découragé pendant l'impression du catalogue, moins par les vives critiques de l'abbé Saas dans sa fameuse *Lettre d'un académicien à M.* *** (1749, in-12 de 60 p.), que par l'entrée de plusieurs collections considérables de livres à la Bibliothèque du roi, que des legs et des achats venaient enrichir tous les jours. L'abbé Sallier attendait sans doute que ces nouvelles acquisitions eussent complété l'ensemble de la Bibliothèque, pour les incorporer dans son catalogue, où leur absence aurait été trop remarquée; il attendit si bien qu'il mourut avant que la Bibliothèque eût cessé de s'accroître. Depuis, elle s'accrut encore, et dans une proportion effrayante pour les catalographes: elle doubla, elle sextupla le nombre de ses volumes; elle en absorba 300,000, choisis par M. Van Praet dans les vaste dépôts provenant des couvents supprimés et des châteaux confisqués. La Révolution française et M. Van Praet firent ainsi de la Bibliothèque du roi la première bibliothèque de l'Europe, si ce n'est qu'il lui manquait un catalogue, et que ce catalogue lui manque encore. Que signifiait celui des abbés Sallier et Boudot, destiné à faciliter l'usage de 60,000 volumes et comprenant à peine une partie de la Théologie, de la Jurisprudence et des Belles-Lettres, en présence de ces 300,000 nouveaux volumes qui n'étaient pas même inventoriés? Et cependant on se sert encore maintenant du catalogue imprimé et manuscrit de 1739-53 faute de mieux! On dit à tout propos que le siècle est en progrès : n'y aurait-il que le catalogue de la Bibliothèque du roi qui fût resté stationnaire?

En vérité! on est émerveillé de cette insouciance, de cette paresse, de cettte incapacité à l'égard de ce catalogue promis, élaboré, payé tous les ans depuis un siècle, quand on passe en revue les prodigieux travaux d'inventaire et de classement qui ont été exécutés en France, surtout à dater de la période révolutionnaire. Que n'a-t-on pas fait dans ce genre, comme pour faire honte à la Bibliothèque du roi, qui ne sait point encore si elle possédera un jour son catalogue, lorsque tous les dépôts publics ont le leur et en font usage? Voyez les magasins de de la marine et de l'armée de terre : tout ce qui concerne l'armement des vaisseaux, les équipements militaires, les casernes, les hôpitaux, etc., tout est établi dans un ordre admirable, avec de bons répertoires, clairs, méthodiques et complets, de telle sorte qu'on peut trouver à l'instant, parmi des nombres immenses, la paire de draps, le médicament, la giberne, le cordage, etc., qu'on demande et qui porte un numéro d'enregistrement. Et pourtant il y a là des millions de cordages, de gibernes, de médicaments, de paires de draps! et pourtant chaque magasin est confié à la surveillance d'un seul garde qui n'est pas le moins du monde académicien! Est-ce que tous les ministères n'ont pas aussi leurs répertoires, de même que les études de notaires et d'avoués, de même que les banquiers et les commerçants? La Bibliothèque du roi abuse un peu trop du privilége d'exception.

J'entends dire, et avec raison, qu'un catalogue de livres, digne surtout de l'impression, digne de l'examen sérieux des savants, est plus difficile à faire qu'un inventaire de poudres et salpêtres, de fusils et de sabres, de toile et de drap, de boutons de guétres et de cocardes : d'accord, nous ne voulons pas que ce catalogue soit rédigé par les gardes-magasins du Dépôt de la guerre. N'y a-t-il plus de bibliographes dans la patrie de Lacroix du Maine et de Duverdier, de Nicéron et de Mercier de Saint-Léger, de Barbier et de Brunet? Avouez, si bon vous semble, que les bibliographes sont partout, hormis à la Bibliothèque du roi. Les 150,000 fr. qu'elle coûte tous les ans tombent sur un terrain stérile en fait de catalogue. Ce ne serait cependant pas chose impossible que de cataloguer en deux années les 1,200,000 volumes et brochures de la Bibliothèque, à condition toutefois que la Bibliothèque fût fermée et immobilisée pendant cette opération d'utilité générale.

Quelques exemples prouveront mieux que des raisonnements ce qu'on peut faire à la Bibliothèque du roi. Conrad Gesner, qui eut l'honneur de composer le premier un grand ouvrage de bibliographie raisonnée, ne mit que trois ans à recueillir les noms d'auteurs, et à classer par matières les titres de livres que renferme l'énorme in-folio de sa *Bibliotheca universalis* (1545-48), à une époque où les recherches étaient si difficiles, les relations littéraires si mal établies, les bibliothèques si pauvres. Un siècle et demi plus tard, le P. Lelong eut l'idée de rassembler, sous le titre de *Bibliothèque historique de la France*, le catalogue de tous les ouvrages, tant imprimés que manuscrits, qui traitent de l'histoire de ce royaume ou qui y ont rapport, avec des notes critiques et historiques. Il acheva son œuvre en trois années, pendant lesquelles il transcrivit trois ou quatre fois de sa propre main le manuscrit qui devait former un in-folio de plus de 1,000 pages (1719). A la fin de ce siècle où l'on compte en France tant de bibliographes, et si peu de vastes monuments bibliographiques, M. Daunou, qui se délassait des labeurs de la politique active dans la retraite studieuse des Genovéfains, fit à lui seul, durant l'espace de trois ans, le catalogue entier de la bibliothèque de Sainte-Geneviève, lequel remplit douze volumes in-folio et douze in-quarto !

Après avoir cité les savants, faut-il citer les libraires ? Nommons Martin, Barrois, les Debure, Nyon, Merlin et d'autres qui ont laissé tant de catalogues de ventes que doit envier la Bibliothèque du roi, mais qu'elle ne pouvait espérer de ces libraires érudits et laborieux, puisqu'on ne l'a pas vendue aux enchères. Rappelons plus spécialement le souvenir de cet infatigable Gabriel Martin, qui a fondé le système bibliographique adopté partout, excepté en Allemagne ; Gabriel Martin, dans sa longue carrière de libraire, a seul catalogué dix fois plus de livres qu'il n'en est à la Bibliothèque du roi. Les catalogues du comte de Hoym, de Barré, de Bellanger, de la comtesse de Verrue, de Colbert, etc., ne représentent-ils pas le même travail, le même temps, la même science qu'exigerait le catalogue de la Bibliothèque du roi ? Or, Gabriel Martin n'était et ne fut jamais qu'un libraire. Dieu ou le ministre mette de pareils libraires à la place des conservateurs de bibliothèques publiques !

En l'an II de la République, dans un temps où l'on ne doutait de rien, le catalogue de la Bibliothèque du roi ne semblait qu'un jeu à ces commissions organisatrices qui s'étaient emparées de toutes les parties du vaste corps national. En ce même an II, on dressait et l'on publiait les listes des émigrés en 2 volumes in-folio et en 26 volumes in-8° : ce travail onomastique avait plus d'un rapport avec un catalogue. Il faut lire, dans le fameux Mémoire de la Commission temporaire des arts que présidait Lindet, une instruction technique sur la manière d'inventorier et de conserver tous les objets qui peuvent servir aux arts, aux sciences et à l'enseignement. On y apprend minutieusement aux bibliothécaires constitutionnels comment on doit procéder à l'inventaire des bibliothèques ; mais cette méthode était si belle, si compliquée, si dénuée d'application, qu'elle ne produisit pas même un catalogue. Lorsque la méthode n'eût pas fait défaut aux bibliographes, les bibliographes manquaient à la méthode. L'abbé Mercier de Saint-Léger avait bien raison de conseiller au gouvernement, peu d'années auparavant, d'instituer les bénédictins de Saint-Maur conservateurs de la Bibliothèque du roi, qui fut un moment gouvernée par l'ancien lieutenant de police Lenoir !

Y a-t-il donc quelque rapport caché entre la police des livres et celle des hommes ? On raconte que

M. Lenoir, si redouté des voleurs et des vagabonds, ne se trouvait pas le moins du monde déplacé à la Bibliothèque du roi ; il se flattait même d'accomplir en peu de temps le grand-œuvre du catalogue ; « car, disait-il avec son bon sens de lieutenant de police, il est moins difficile de connaître un livre que de juger un homme. Eh bien ! pendant ma lieutenance, non-seulement je surveillais tous les gens dangereux ou suspects, mais encore j'avais fait dresser des catalogues nominatifs de ces gens-là, afin de retrouver au besoin et presque sans recherches leurs antécédents équivoques ou pervers. Mes catalogues de police contenaient plus de 80,000 noms accompagnés de notes secrètes et de renseignements authentiques. On n'en demande pas tant pour un catalogue raisonné de la Bibliothèque du roi. » Par malheur, le successeur de M. de Sartines ne resta pas bibliothécaire aussi longtemps qu'il était resté lieutenant de police.

De nos jours, les conservateurs qui n'ont pas, il est vrai, rempli les fonctions de lieutenant de police, se sont trouvés épouvantés à l'idée d'un catalogue général, et feu M. Lenoir n'était plus là pour les encourager. On avait pourtant une somme fort ronde que la munificence de M. de Salvandy voulut consacrer à ce catalogue, qu'on promettait toujours de faire sortir du pays des chimères ; 150,000 francs furent votés dans cette honnête intention ; il ne s'agissait que d'aider la montagne en travail depuis tant d'années, et la montagne n'a pas même accouché d'une souris ! 150,000 francs pour le catalogue de 800,000 volumes (ne parlons pas des brochures qui sont au moins en pareil nombre), c'est environ quatre sous par titre d'ouvrage : à ce prix, on pouvait avoir la collaboration de l'auteur du *Manuel du libraire*. Mais on s'en est bien gardé. Les Pénélope du catalogue n'ont aucun intérêt à ce qu'il s'achève. Or, comme force était de dépenser les 150,000 francs votés par dix annuités en plein budget, voici ce qu'on imagina (il faut dire l'*on* imagina, sans désigner l'éditeur responsable de cette prodigieuse imaginative) :

On rassembla de toutes mains différents copistes qui savaient à peine tenir la plume, et qui ne sortaient pas tous du collége ; l'un arrivait de son village dans la grande ville ; l'autre avait *porté le harnais* artistique ; tel s'était instruit dans les arrière-bureaux d'un ministère; tel ne s'était encore occupé que de farine et de son : c'étaient enfin des protégés, petits-cousins de leurs doctes protecteurs. On les lança sur le catalogue de la Bibliothèque du roi, c'est-à-dire qu'on leur fit copier, à raison de 2 sous la carte, les catalogues imprimés et manuscrits en usage et hors d'usage à la Bibliothèque depuis le commencement du dernier siècle ! L'activité fut grande de la part de ces copistes improvisés, pour entasser beaucoup de cartes et beaucoup de pièces de 2 sous : ils copièrent à tors et à travers tout ce qui se présenta, ils copièrent dix fois les mêmes titres de livres, parmi lesquels nombre d'ouvrages n'existaient plus, ayant été perdus, volés, cédés comme doubles, à diverses époques déjà éloignées ; ce n'est pas tout, ils copièrent, ces honnêtes gens, aussi bien qu'ils pouvaient copier, avec peu d'orthographe et d'intelligence, souvent même avec une écriture déplorable et illisible. Je laisse à penser ce que devinrent les titres en langues étrangères ! Il y eut ainsi 400,000 cartes plus ou moins fautives et la plupart inutiles, qui représentaient au budget autant de pièces de 2 sous : voilà 40,000 francs dépensés, cartes sur table.

On s'arrête pourtant, car les aveugles ont un instinct de clairvoyance au bord de l'abîme ; on abandonne brusquement cet étrange procédé de catalogue, qui consistait à faire ce qui était fait et à perpétuer les erreurs du passé ; on se met à prendre les titres de livres sur les livres eux-mêmes. On avait eu soin préliminairement de faire un choix parmi les copistes, et l'on en avait renvoyé quelques-uns à leurs moutons. Cette méthode, la seule logique, la seule applicable, ne se poursuit pas cependant sans hésitation et sans arrêt : on l'embarrasse de mille détails oiseux et puérils qui la retardent ou la compliquent. On veut savoir tous les livres que la Bibliothèque a possédés, au lieu de se borner à connaître ceux qu'elle possède maintenant ; on fouille, on compare, on rapproche les anciens inventaires; on s'égare dans un dédale inextricable de chiffres et de sous-chiffres, de divisions et de subdivisions ; ce sont encore des écritures à n'en plus finir; les jours et les années s'écoulent, et l'argent du catalogue s'engouffre dans un nouvel océan d'impossibilités et de désordres. Ainsi va le catalogue de la Bibliothèque du roi.

Cette Bibliothèque, comme on sait, a été formée, outre son noyau primitif, de différents *fonds* ou parties de livres, provenant de donations, de legs, d'achats, et, en dernier lieu, des bibliothèques de couvents supprimés ; chacun de ces fonds a conservé son ensemble, son nom et son numérotage : on dirait une vingtaine de bibliothèques qui se tiennent, mais qui ne se sont jamais mêlées, pas même dans l'ordre alphabétique d'un catalogue par noms d'auteurs ou par titres d'ouvrages. C'est ce catalogue universel qu'on a tenté, qu'on tente encore d'exécuter, avec les restes d'un crédit spécial qui s'épuise ; et en même temps, comme si ce catalogue n'était pas suffisant pour absorber les efforts des employés et l'argent non encore dépensé, on a imaginé de reclasser, de refondre toutes ces bibliothèques diverses en une seule, dans le fonds proprement dit de la Bibliothèque du roi. Ajoutez à cet effrayant remue-ménage la continuité de ce qu'on nomme le *service*, c'est-à-dire le prêt des livres au dehors, et la lecture quotidienne au dedans, autre remue-ménage permanent qui a complété l'embarras, les difficultés et le désordre. A l'heure qu'il est, la Bibliothèque semble une véritable tour de Babel où l'on ne s'entend plus.

Et cependant des travaux considérables d'inventaire et même de catalogue annoté ont été faits et se font encore ; il y a peut-être 500,000 cartes rangées ; on a déplacé et replacé deux cent mille volumes avec des procédés de méthode très-ingénieux ; on a quelques bons ouvriers qui se sont formés eux-mêmes par goût et par instinct ; on dépense enfin plus utilement qu'on ne le faisait les sommes allouées par le budget ; mais, malgré tout, en suivant pareil système, en laissant le mal étouffer le bien, on n'arrivera pas avant dix ans, on n'arrivera jamais à finir ce catalogue éternel, qui, tous les jours, étend ses limites et ses horizons. On n'y arrivera pas, y consacrât-on encore 100,000, 200,000, 300,000 fr., parce que chaque séance de lecture, chaque jour de prêt désordonne et disperse ce qui a été coordonné et réuni ; parce que le travail est arrêté ou dérangé sans cesse par des lacunes anciennes et nouvelles ; parce que les têtes et les bras manqueront à ce travail, tant que les bibliothécaires et employés seront accaparés par le service journalier le plus pénible et malheureusement le plus ingrat; parce qu'enfin il n'y a pas un homme, un savant, un bibliographe, qui ait autorité pour diriger la main-d'œuvre, pour rassembler et vivifier, si l'on peut s'exprimer ainsi, les éléments inertes de ce catalogue immense que la Science attend comme un Messie et qu'on lui promet en vain depuis un siècle.

Si vous doutez de ce fâcheux état de choses, lequel va s'aggravant, allez à la Bibliothèque et mettez-la à l'épreuve ; essayez, par exemple, d'y retrouver aujourd'hui le livre qui vous aura été confié hier ; demandez un ouvrage anonyme, et voyez si les catalogues vous le donneront ; désignez une édition spéciale d'un ouvrage classique, et soyez sûr d'en obtenir une autre ; cherchez dans les catalogues une brochure peu commune, une mince dissertation, et voyez si vous parviendrez à la découvrir; dans le cas même où vous la découvririez, il y a cent à parier que vous ne l'aurez pas davantage, attendu qu'on ne saura pas où elle est logée : ce ne sont pas seulement des livres anciens, des livres rares qui font ainsi défaut, ce sont des volumes modernes, tout à fait ordinaires, mais, en raison de leur médiocre importance ou de leur médiocrité, aussi difficiles à rencontrer dans la librairie qu'à la Bibliothèque du roi.

Je le déclare avec naïveté : depuis quelque vingt ans que je fréquente la Bibliothèque du roi, je n'y ai pas trouvé la moitié, pas le quart, pas la vingtième partie des livres qui m'étaient nécessaires, et néanmoins ces livres y ont été, y sont ou y doivent être. A la vérité, je ne demandais pas la *Géographie* de Maltebrun, ou l'*Histoire de Paris* de Dulaure, ou l'*Histoire de la Révolution* de M. Thiers, ou l'*Almanach des 25,000 adresses;* mais je n'ai jamais eu le bonheur d'être servi à souhait. Je ne parle pas des heures et des journées perdues dans l'attente, sous prétexte de recherches qui se faisaient mal, ou ne se faisaient pas, ou ne pouvaient se faire. J'ai compris, il est vrai, que faute de catalogue général, faute de bibliothécaires instruits et fureteurs, faute de temps surtout pour trouver, en présence de ce public envahisseur qui vient lire et s'asseoir gratis, mes demandes de livres restaient toujours sans résultat. Je me suis donc résigné, tout en gémissant, tout en regrettant les services que la Bibliothèque du roi pourrait me rendre, ainsi qu'aux travailleurs sérieux ; je ne vais plus rue de Richelieu à la chasse des livres, mais, en désespoir de cause, je vais frapper à la porte des bibliothèques qui ont une espèce de catalogue, moins de public et plus d'employés, à la bibliothèque Mazarine ou à celle de l'Arsenal.

Quand retournerai-je assidûment à la Bibliothèque du roi? Quand un catalogue général nous sera donné, quand on aura fait sortir de la place les lecteurs inutiles, quand le règne de l'étude et de la science aura remplacé celui de la flânerie et de la lecture oisive, quand on aura rappelé la Bibliothèque du roi à son ancienne et glorieuse destination.

V.

Il faut maintenant résumer tous les principes de décadence et de mort que la Bibliothèque du roi porte en son sein ; il faut montrer les progrès que doit faire inévitablement cette terrible maladie qu'on pourrait nommer, comme eût fait l'abbé Rive, l'*inbibliognosie ;* il faut dire comment et en combien de temps la Bibliothèque du roi périra, si l'on n'y prend garde, si l'on ne se hâte d'y remédier. Quant aux remèdes, les plus prompts et les plus énergiques seront les meilleurs.

Nous l'avons déclaré, les architectes à projets.

les entrepreneurs de démolition et de bâtisse, les bibliothécaires indifférents ou incapables, le catalogue à faire au milieu de l'organisation actuelle, les emprunteurs de livres, et par-dessus tout, les lecteurs inutiles ou parasites, voilà les véritables ennemis latents ou patents de la Bibliothèque du roi. Je parle toujours du département des Imprimés ; plus tard, je m'occuperai du département des Manuscrits, de celui des Estampes, et cartes géographiques, et enfin du Cabinet des antiques, lesquels ont moins à souffrir et moins à redouter de la part de ces ennemis, plus difficiles à combattre que les mites et les rats dans une bibliothèque.

ARCHITECTES. — Tant qu'il y aura des architectes, il y aura des projets pour le déplacement et la reconstruction de la Bibliothèque du roi; jamais les projets ne meurent : ils ressuscitent, ils se reproduisent, ils se transforment sans cesse. Rien n'égale la persévérance de l'architecte qui veut faire accepter ses plans, surtout en matière de bibliothèque; car on ne trouve pas aisément l'emploi d'un pareil plan, la construction d'une bibliothèque devenant de jour en jour plus rare et plus impossible. Or, pour un architecte, c'est le vautour de Prométhée, qu'un plan qui se ronge dans ses cartons. Puis, n'est-ce pas un beau monument qu'une Bibliothèque royale, pour fonder une réputation architectonique? Que de toises de terrain à couvrir de pierres et de plâtre! Le magnifique usage qu'on peut faire des préceptes de Vitruve et de Palladio! vastes galeries voûtées, larges escaliers, portiques, festons et astragales, tout est grec et romain impunément. La Bibliothèque du roi se voit donc convoitée par toutes sortes d'architectes qui la toisent continuellement, qui ne la réparent pas, qui menacent de la laisser tomber, et qui ont toujours sous la main un superbe dessin au lavis, représentant par mètres et centimètres le phénix des bibliothèques futures.

ENTREPRENEURS. — Ceux-ci sont les caudataires et parfois les porte-drapeaux des architectes; ils existent, ils naissent partout, dès qu'il y a des murs à élever et à démolir, des travaux de charpente et de serrurerie à exécuter, de l'argent à gagner en vendant du vieux et en achetant du neuf. Ils sont donc, ces braves gens, éternellement posés en embuscade pour fondre sur la Bibliothèque du roi de la rue Richelieu et pour se disputer ses débris. En revanche, ils sont là aussi pour créer ailleurs une autre Bibliothèque du roi; peu leur importe en quel endroit, fût-ce sur la butte Montmartre ou le mont Valérien. Vous n'avez qu'à commander et vous serez servis à souhait. Seulement ils savent que l'édifice actuel occupe tant de toises de terrain, que la toise de terrain se vend 4,000 fr. dans le quartier Vivienne, et que les matériaux de démolition provenant de l'hôtel Mazarin, pierres, bois, fers, ardoises et le reste, donneraient 300 pour 100 de bénéfices. S'il en était autrement, pourrait-on verser à la ronde ces énormes pots-de-vin qui sont déjà tirés et qui ne s'aigriront pas pour attendre? Ces pots-de-vin remettront souvent en question le sort de la Bibliothèque, et plus on les multipliera, plus on les grossira, plus alors les projets des architectes auront chance de réussir. Il est peu de têtes assez fortes pour résister à ce vin-là. C'est ainsi que les entrepreneurs, dans un temps donné, se trouveraient seuls maîtres et exécuteurs de la Bibliothèque du roi, qui leur promet, pour eux et à leurs ayants cause, quelques jolis millions à entreprendre et à prendre.

BIBLIOTHÉCAIRES. — C'était affaire à cet impertinent abbé Rive de leur appliquer ce que Balzac dit de certains moines, notamment des Feuillants, « qui étaient dans l'Eglise comme les souris et les rats étaient dans l'Arche. » Les bibliothécaires sont, du moins d'ordinaire, des hommes instruits, savants même, professeurs, académiciens, quelquefois littérateurs distingués; mais, par malheur, la plupart ne sont bibliothécaires que de nom. On ne peut avoir tous les genres de mérite à la fois, et celui de bibliothécaire, si chétif qu'il fût, n'est pas tellement commun qu'on puisse l'acquérir avec le brevet qui en confère le titre. Un bibliothécaire digne de ce nom doit, avant tout, aimer les livres et, après tout, les connaître, ainsi qu'un berger connaît ses moutons. Dans le temps des bergeries de l'*Astrée*, on avait imaginé, il est vrai, des pasteurs qui oubliaient leur troupeau pour chanter des chansons galantes et pour disserter sur l'amour avec des nymphes et des muses ; mais ces étranges bergers étaient aussi mal placés dans un bercail, que certains bibliothécaires d'aujourd'hui parmi des livres. Ce n'est pas le tout que d'écrire de doctes dissertations, des ouvrages de haute critique, de belles œuvres d'histoire, de philosophie, de littérature; ce n'est rien ou presque rien en affaire de bibliotechnie; un bibliothécaire, répétons-le, doit être d'abord un bibliothécaire, permis à lui d'être en outre un savant, un homme d'esprit, un écrivain. Le vrai bibliothécaire est dans sa bibliothèque comme un père au milieu de sa famille ; il s'en occupe et s'en préoccupe à toute heure; il ne songe qu'à l'enrichir, qu'à la soigner, qu'à la protéger; il en est fier, il en est heureux, il s'y incorpore, pour ainsi dire : une tache sur un livre l'indigne et l'irrite; une reliure meurtrie le blesse au cœur; un volume rare et précieux, confié à des mains inexpérimentées, le met à la torture. Chaque jour, nouveau rangement, nouvelle amélioration; chaque jour, il ajoute un article à ses *desiderata*, une note à ses catalogues, une pièce à ses collections. Il finit par n'avoir plus ni femme, ni enfants, ni amis; il n'a que des livres, et les livres s'en trouvent bien, puisqu'ils sont mieux classés, mieux nettoyés, mieux habillés, mieux conservés. Ce sont là de ces bibliothécaires qui manquent peut-être à la Bibliothèque du roi, et qui sont rares dans les académies, ces pépinières de savants, plus ou moins illustres, prédestinés aux honoraires des bibliothèques publiques. Mettez à la tête de la Bibliothèque du roi le bibliothécaire du cardinal Mazarin, ce Gabriel Naudé que nous rappelle à tout propos M. Naudet, le directeur actuel, par une presque conformité de nom très-encourageante, et vous verrez ce que peut, ce que doit être la Bibliothèque du roi.

CATALOGUE. — Il est en élaboration depuis un siècle : il a été le rêve favori de quelques bibliothécaires, le prétexte invariable du plus grand nombre; tout le monde y a mis la main, celui-ci pour essayer de faire, celui-là pour refaire et beaucoup pour défaire; il a coûté des sommes énormes, et ces dernières années, 120,000 fr., auxquels iront se joindre trente autres mille francs pour l'épuisement du fonds spécial qui n'est pas encore tout à fait dépensé; il n'a produit encore que des cartes entassées dans des armoires par ordre alphabétique, cartes qui mériteraient d'être battues et jetées au vent, tant elles sont fautives, insignifiantes, incomplètes ; mais, fussent-elles bonnes à être recueillies et gravées comme ces feuilles de chêne où la sibylle écrivait ses oracles, quelle main active et intelligente se chargera de leur donner un sens par la classification et la méthode? Un bibliographe adoptera-t-il le système qui a été pris au hasard, quitté et repris par caprice, et suivi enfin par routine? Vous avez, dites-vous, tiré les pierres de la carrière, vous les avez taillées et apprêtées ; mais à présent, comment les emploierez-vous? En ferez-vous une prison ou un palais? Est-ce de ce catalogue que doit jaillir la lumière? Ne faudrait-il pas qu'un dieu passât par là pour prononcer le *Fiat lux?* Vienne donc ce dieu, s'il en est un qui ose se charger de mettre à fin le catalogue avec des travaux de toutes les mains et de toutes les époques! Or, tant que ce catalogue n'aura pas été fait, et, qui plus est, imprimé, la Bibliothèque du roi sera comme une mer sans boussole et aussi sans pilote.

EMPRUNTEURS. — On les tolère parce qu'ils ont pour eux la tradition et l'habitude. Au dernier siècle, les savants qui n'avaient pas dans leur propre bibliothèque un livre indispensable à des recherches et à des études spéciales l'empruntaient à la Bibliothèque du roi, sous la garantie de leur nom et de leur position scientifiques; encore, fallait-il que la nature de leur travail, tel qu'une confrontation de textes, s'opposât à ce qu'ils consultassent le livre à la Bibliothèque même. C'était déjà un abus, puisqu'on n'exigeait ni gage ni caution, comme cela se pratiquait au moyen âge pour le prêt des livres. Lorsque Louis XI, ce roi volontaire et absolu, pria la Faculté de médecine de Paris de lui confier un précieux manuscrit de Razi qu'elle possédait, il fournit un gage de douze marcs d'argent, outre la caution personnelle de son bibliothécaire. Les choses avaient bien changé en trois siècles : la parole des emprunteurs suffisait ; on eût prêté, sans reçu, le quart de la Bibliothèque du roi à un académicien qui aurait voulu l'emporter et le loger. Ainsi, quand M. Daru voulut tailler une petite histoire de Bretagne dans les grands volumes des bénédictins Lobineau, Morice et Taillandier, il fit venir de la Bibliothèque du roi une pleine charretée d'in-folio : c'était pour en faire accroire à ses futurs lecteurs. Quand M. Auger se proposa de donner une bonne édition de Molière, il accapara tout ce qu'il y avait d'éditions de Molière à la Bibliothèque du roi, en sorte qu'on n'y put trouver que la sienne pendant plus de six ans. Puis, M. Auger étant mort, il ne s'en fallut guère que les Molière de la Bibliothèque du roi fussent vendus à l'encan avec les livres de ce trop consciencieux éditeur.

Outre les savants, la Bibliothèque du roi avait un immense personnel d'emprunteurs et d'emprunteuses qui ne demandaient et n'obtenaient que des livres communs et modernes, romans, mémoires, pièces de théâtre, que M. Van Praet prêtait aussi généreusement qu'il était avare de montrer et de laisser feuilleter sous ses yeux une édition de Colart Mansion ou de Verard, un mystère ou un roman de chevalerie. M. Van Praet avait presque du mépris pour tout volume qui n'était pas imprimé en gothique. Ses successeurs restreignirent et réglèrent le prêt à domicile, lequel avait fait à la longue une petite brèche de 50,000 volumes catalogués, sans compter ceux qui n'avaient jamais figuré dans les inventaires ni reçu d'estampille. On prêta toujours des romans, toujours des pièces de théâtre, mais on prêta aussi des volumes rares et précieux qui n'étaient pas encore sortis une seule fois de la Bibliothèque. On emporta les livres par paniers au lieu de les emporter par charretées, mais on les rapporta plus exactement. Le prêt avait été régularisé et codifié, ce qui n'empêche pas que les livres soient absents quand on veut les consulter sur place; que ces livres reviennent plus ou moins fatigués, tachés, endommagés, après avoir circulé de main en main comme ceux des cabinets de lecture; que beaucoup s'égarent encore et s'anéantissent après décès, départ ou ruine des emprunteurs. D'où il appert que le prêt a d'énormes inconvénients sans avoir le moindre avantage : il désorganise, il décime, il appauvrit une bibliothèque pour contenter la paresse ou l'avarice d'un privilégié.

LECTEURS. — Ce sont là, redisons-le et ne nous lassons pas de le redire, ce sont là les ennemis les plus acharnés et les plus inexpugnables de la Bibliothèque du roi, qu'ils ont prise d'assaut et qu'ils occupent à peu près seuls maintenant, comme un pays conquis. Ces lecteurs, qui sont déjà au nombre de 500 par séance, qui l'année prochaine seront 600, et qui dépasseront dans dix ans le chiffre effroyable de 2,000, si l'on ne s'oppose à leur multiplication, doivent, en un temps donné et appréciable, anéantir de fond en comble la Bibliothèque du roi : ils envahissent une place énorme, accaparent l'attention et la longanimité des bibliothécaires, mettent sur les dents tous les employés, usent et gâtent tous les livres qu'ils touchent avec des mains sales et grossières, éloignent les savants et les littérateurs, rendent enfin absolument inutiles les quatre-vingt-dix-neuvièmes de la Bibliothèque, empêchent les inventaires, les classements, les améliorations de tout genre, et ne servent qu'à déplacer sans cesse 4 ou 6,000 volumes, qui se trouvent partout, chez les libraires et dans les salons de lecture. On a tout fait pour attirer et pour encourager ces hôtes incommodes : on leur donne de la fraîcheur en été, de la chaleur en hiver, des livres en toute saison. Si tous les fainéants, si tous les vagabonds de Paris, le savaient, ils n'iraient plus l'hiver se chauffer dans les corps-de-garde et les Cours d'assises, l'été prendre le frais sous les ponts et dormir pour passer le temps. Rien de plus tyrannique qu'une libéralité, qu'une liberté mal entendue : tout le monde, le plus gueux et le plus ignare, peut venir s'asseoir au banquet de la Bibliothèque du roi et s'y repaître de grosse lecture ; les véritables consommateurs de la Bibliothèque, les lettrés, les doctes, se trouvent seuls lésés, écartés, sacrifiés, car, si l'on peut s'exprimer ainsi, ils ne mangent pas à la même gamelle, ils sont plus raffinés et plus difficiles que la plèbe des lecteurs ; tant pis pour eux, la Bibliothèque du roi est maintenant un établissement de charité où se distribue une lecture économique comme les soupes du *Petit manteau bleu*. O Bibliothèque de Dupuy, de Bignon, de Sallier, de Capperonnier, de Van Praet !

L'Egypte des Pharaons a compté sept fléaux envoyés par Moïse ; la Bibliothèque du roi n'en a que six : architectes, entrepreneurs, bibliothécaires, catalogue, emprunteurs et lecteurs ; mais ces fléaux-là sont un peu plus tenaces que les plaies d'Egypte ; ils auront aussi d'inévitables conséquences. Les entrepreneurs pousseront sans cesse les architectes à revenir à la charge avec leurs plans de démolition et de reconstruction ; les lecteurs, qui s'augmentent journellement, serviront de prétexte aux plans des architectes ; les emprunteurs, qui ont la manie de fouiller partout et de toucher à tout, entraveront et bouleverseront encore les travaux inachevés et inachevables du catalogue général ; ce catalogue engloutira encore quelques 100,000 francs, sans produire seulement de quoi en payer la rente ; les bibliothécaires, partagés entre le catalogue et les lecteurs, comme entre Carybde et Scylla, opteront enfin pour les lecteurs, en se voyant débordés par ce flot toujours grossissant, et livreront aux bêtes ce qui restera de la Bibliothèque du roi, jusqu'à ce que le dernier mur de ce sanctuaire profané tombe en ruine sous le marteau, jusqu'à ce que le dernier livre tombe en pièces sous les mains barbares du dernier lecteur.

Ceci n'est pas une hyperbole, c'est une prophétie dont l'effet sera plus ou moins rapproché, si l'on ne change complétement le régime constitutif de la Bibliothèque du roi. Quant au monument, il est clair que le terrain ne diminuera pas de sa valeur, que le commerce sera toujours censé réclamer sa place dans les rues Vivienne et de Richelieu, que la spéculation s'arrangera *in petto* d'excellents matériaux de démolition et d'un admirable espace pour construire : architectes et entrepreneurs ne renonceront donc pas à passer par là, à moins qu'une bonne loi ne vienne cimenter les fondements de l'édifice actuel. Quant aux meubles de l'immeuble, c'est-à-dire aux livres, le présent état de choses continuant de mal en pis, ou ils ne serviront à personne, ou ils seront dilapidés par tout le monde ; aujourd'hui 6,000 volumes sont annuellement déplacés, secoués, usés et gâtés ; mais il n'y a encore que 500 lecteurs par jour. Attendez un peu, et vous en aurez 1,000, 10,000, 50,000 ; alors il faudra deux, dix, vingt salles de lecture et tous les volumes de la Bibliothèque seront mis en réquisition, faute peut-être d'avoir 200 exemplaires de l'*Histoire de la Révolution*, par M. Thiers, 150 de l'*Histoire de Paris*, par Dulaure, 20 du *Moniteur universel*, et le reste en proportion, en admettant aussi que les lecteurs deviennent plus instruits à force de lire aux frais des contribuables.

La Bibliothèque n'est pas en ce moment rangeable, catalogable, gouvernable. Tous les jours c'est une irruption de Vandales, de Goths et de Visigoths, sous le nom de lecteurs! Tous les jours c'est une bibliothèque entière à remuer, à déranger et à remettre en place! Tous les jours c'est une dégradation sourde et cruelle des livres, que les vers, les souris et les rats d'aucune époque n'ont tant maltraités! Oh ! certes, le local de la Bibliothèque manque aux lecteurs, les bibliothécaires manquent au catalogue, et plus que jamais le catalogue manque à la Bibliothèque du roi. « Ce n'est rien, disent les aveugles-nés du progrès, la Bibliothèque du roi a cessé ou cessera d'être, mais l'éducation publique y a certainement profité, et pour 800,000 volumes sacrifiés sur l'autel de la lecture, la population de Paris qui sait lire s'est augmentée d'un millième. » *Pergite, Pierides*, continuez à ruiner la Bibliothèque du roi, amis de la liberté, de l'égalité, de la lecture gratuite, ennemis des livres et des lettres !

Tout ce monstrueux système repose sur les idées les plus fausses et les plus impraticables. 1° On croit que les bibliothèques publiques, et spécialement la Bibliothèque du roi, sont faites exclusivement pour les gens qui n'ont pas de livres et qui n'en auront jamais ; que ce sont, en un mot, des établissements de charité littéraire ; 2° on croit qu'une bibliothèque est instituée uniquement pour donner les ouvrages qu'on lui demande, comme le contrôleur d'un théâtre délivre des billets, comme la teneuse d'une maison de bains délivre des cachets ; que ce bibliothécaire, en un mot, n'a que faire de savoir pour les autres et de leur prêter secours dans le choix ou l'investigation des livres ; 3° on croit que le catalogue ne serait utile que dans le service intérieur de la Bibliothèque, et qu'en rendant ce service plus aisé, il l'augmenterait considérablement, en attirant un plus grand nombre de lecteurs et d'emprunteurs ; on ne se presse donc pas trop d'avoir un catalogue à ce prix-là ; 4° on croit que les 500 lecteurs du jour, composés comme nous l'avons dit, sont plus intéressants au point de vue de la lecture, que les cinquante savants et littérateurs qui pourraient, dans une différente organisation de séance publique, sortir de leur cabinet pour aller à la Bibliothèque du roi; 5° on croit que la suppression du prêt des livres mettrait en souffrance et tiendrait en échec la haute science et la haute littérature ; 6° on croit que la Bibliothèque du roi serait toujours la même, à Dieu ne plaise, dans un autre quartier et dans un autre local ; 7° on croit enfin que les livres sont éternels et inaltérables.

Ces opinions, qui sont représentées et soutenues dans le sein même du Conservatoire, témoignent d'une ignorance renforcée en matière de bibliographie et de bibliotechnie. Voici comment nous y répondrions, si nous nous trouvions en leur présence :

1° Les bibliothèques publiques ont diverses destinations suivant les livres qui les composent, suivant le lieu où elles sont placées : dans une petite ville peu lettrée et avec une élite de bons livres élémentaires, il est clair que la bibliothèque doit concourir à l'instruction locale ; mais dans une grande ville où les livres usuels abondent, et avec cet ensemble imposant d'ouvrages anciens et modernes sur toutes les facultés, qui font les bibliothèques générales, il est certain qu'une bibliothèque est destinée surtout à compléter les fortes études, à favoriser les travaux de l'esprit. La Bibliothèque du roi, entre toutes, appartient aux doctes et aux lettrés.

2° Un bibliothécaire, il faut bien le dire, a des devoirs de position à remplir; il doit être le conseil et le guide, non pas des lecteurs, mais des travailleurs qui se présentent; c'est à lui d'indiquer les sources où l'ardeur d'apprendre ira s'abreuver; c'est à lui de ne rester jamais à court pour tout ce qui touche à la connaissance des livres, ou plutôt de ce qu'ils contiennent. Le bibliothécaire peut, au besoin, se passer d'être un savant et un académicien, pourvu qu'il soit bibliographe.

3° Le catalogue de la Bibliothèque du roi, imprimé et publié, serait le plus beau, le plus immense répertoire de bibliophile qu'on puisse imaginer, à condition toutefois qu'il fût classé et annoté par un habile bibliographe; il serait précieux pour tous les genres de travaux, pour tous les temps et pour tous les pays.

4° Les 500 lecteurs de chaque jour ne rapportent pas par an à la France un seul nouvel ouvrage sérieux, pas un seul homme de savoir ou de génie. Ce sont, à peu d'exceptions près, des pauvres d'esprit, des maniaques, des oisifs, des enfants. Il en coûterait si peu pour les satisfaire, et il nous en coûte la Bibliothèque du roi !

5° Si l'on ne prêtait pas de livres à la Bibliothèque du roi, les emprunteurs qui en ont besoin, et qui ont la plupart le moyen d'en acheter de leurs deniers, formeraient des bibliothèques ou accroîtraient les leurs au profit des écrivains, des libraires et de la France ; car une nation éclairée doit avoir beaucoup de bibliothèques particulières, comme elle a beaucoup de champs cultivés, beaucoup de vignobles, beaucoup de récoltes en réserve, lorsqu'elle est riche et prospère. Ajoutons, puisqu'il faut que tout le monde vive, ajoutons que les cabinets de lecture loueraient à prix d'argent les mêmes livres qu'on emprunte gratis à la Bibliothèque du roi sans avoir seulement déposé une modique somme d'argent en garantie.

6° Le déplacement et la reconstruction de la Bibliothèque du roi admis, il faut admettre aussi que le déménagement durerait un an, et que le rangement durerait bien davantage, non sans livres perdus, égarés, moisis, mouillés, avariés. En outre, la Bibliothèque, transportée de l'autre côté de la Seine ou hors de son rayon actuel, n'aurait peut-être pas plus de lecteurs que les bibliothèques Mazarine et de l'Arsenal, ce qui serait un grand bien ; mais, en compensation, comme l'a très-bien prouvé M. le comte de Laborde dans ses excellentes *Lettres sur les Bibliothèques*, la population lettrée et savante, qui s'est insensiblement éloignée du Marais et du quartier Saint-Germain, n'y retournerait pas alors, même pour y trouver des livres qu'elle cherche en vain aujourd'hui à la Bibliothèque de la rue de Richelieu. On aime ses aises, fût-on archi-savant ; on s'éloigne peu de son centre, on remet au lendemain une affaire après laquelle il faut courir. Voyez les dévots de campagne ; ils ne vont pas à la messe, s'ils n'entendent pas sonner la cloche, s'ils ne voient pas le clocher. Enfin nous savons ce qu'est la Bibliothèque dans le palais de Mazarin ; savons-nous ce qu'elle serait ailleurs? Les bibliothèques ont cela de commun avec les plantes, qu'elles souffrent, qu'elles meurent, si on les change de terroir. Puis, peut-on jamais prévoir la fin d'un déménagement? Il y a dix ans qu'on est censé emménager et approprier la bibliothèque Magnani à Bologne, et au train dont vont les choses, il est possible que cette bibliothèque, léguée à la ville pour suppléer aux autres bibliothèques pendant leurs longues vacances et leurs jours si fréquents de fermeture, ne s'ouvre jamais. Rappelons-nous la bibliothèque du président Bouhier, acquise en totalité par les moines de Cluny, et déposée provisoirement dans des caisses qui ne furent ouvertes qu'en vertu d'un décret révolutionnaire : les livres et les manuscrits les plus précieux étaient réduits en poussière et en colle-forte.

7° Quant aux livres, non-seulement ils sont exposés à mille causes de détérioration et de destruction, mais encore ils deviennent tôt ou tard irremplaçables ; telles sont ces grandes collections historiques qui ne peuvent être réimprimées, et qui quelquefois gagnent en rareté ce qu'elles perdent en valeur. Le recueil des *Historiens de France*, qu'on feuillette et refeuillette sans cesse à la Bibliothèque du roi (à l'exception du tome XIII, le plus rare de tous et le plus précieux, qui a disparu, quoique in-folio et pesant sept kilogrammes), ce recueil de première nécessité vaut à présent 1,500 francs, et ne se trouve presque pas dans le commerce ; le recueil des Bollandistes (nous ignorons si le plus rare des 53 volumes in-folio est encore à son poste), vaut davantage ; la *Gallia Christiana* (je gagerais que le tome XIII est absent) augmente de prix tous les jours. Enfin on semble comprendre que les seuls exemplaires qui ont échappé au terrible pilon de 93, et qui existent encore hors des bibliothèques publiques, ne suffiront pas toujours à la consommation de la science. Eh bien ! comment, si vous gaspillez maintenant vos richesses, les renouvellerez-vous dans dix ans, dans un demi-siècle? Quel budget aura les épaules assez fortes pour supporter ces amas de volumes à racheter dans les ventes ? Car un livre s'use et s'use vite dans certaines conditions de négligence et de mauvais traitements ; les livres modernes surtout, dont le papier de coton est brûlé par les acides qui l'ont blanchi et n'offre par lui-même aucune assurance de durée ; les livres anciens aussi, quoique fabriqués avec ces admirables papiers des premiers temps de l'imprimerie, papiers forts, compactes, brillants et sonores qui résistent, même sur les étalages des quais, aux influences destructives du soleil et de l'humidité ! Mais, à la Bibliothèque du roi, c'est bien pis que l'humidité et le soleil, c'est bien pis que la poussière, les vers et les rats ; imaginez les taches d'encre, la salive et autres souillures, maculant les livres où se marquent les doigts moites et malpropres, où se frottent des habits graisseux ! L'épiderme du papier se déchire, sa trame se brise, la colle qui l'assemble s'altère, les caractères d'impression s'effacent et prennent une teinte confuse ; voilà déjà le livre qui se fait bouquin et qui n'aura bientôt plus sa valeur de livre. Ce n'est pas tant l'usage fréquent que le méchant usage qu'il faut redouter à la Bibliothèque du roi. On a beau encoller le papier qui se dissout, relier les volumes dont la couverture est écartelée, le livre n'en est pas moins attaqué dans son essence, et il ne sera même plus bon à être lu ou feuilleté honorablement ; car les taches de graisse humaine imprégnées dans les marges forment à la longue une sorte de foyer de corruption qui fait cette odeur délétère qu'on reproche aux vieux cabinets de lecture.

Tel est l'avenir inévitable de la Bibliothèque du roi, malgré son directeur, ses conservateurs et ses frotteurs. La malice des architectes, la férocité des entrepreneurs, l'incurie ou l'incapacité des bibliothécaires, la retraite forcée des savants et des bibliophiles, l'absence infiniment trop prolongée du catalogue, les spoliations du prêt à domicile et le débordement de la lecture quotidienne, doivent ne pas laisser pierre sur pierre, ni livre sur livre à la Bibliothèque du roi, qui est déjà un véritable salon littéraire, et qui deviendra tôt ou tard une salle d'asile [1].

[1] Au moment où nous écrivons ces lignes, le bruit se répand qu'on songe à organiser les séances du soir à la Bibliothèque du roi ! Cette nouvelle est bien autrement menaçante que tous les

Et maintenant, après avoir jeté un coup d'œil critique sur les quatre autres départements de la Bibliothèque : Manuscrits, Estampes, Cartes géographiques et Cabinet des antiques, lesquels du moins ne demandent pas une réforme radicale, j'indiquerai les remèdes qui peuvent encore être apportés dans ce funeste régime intérieur. En fait de remèdes, redisons-le, les plus simples sont les meilleurs, et les plus prompts sont les plus sûrs.

complots des architectes, et nous attendrons, pour y croire, que l'inventeur d'une pareille barbarie ait osé se nommer. Qui donc aspire à la gloire d'Erostrate? Mieux vaudrait peut-être mettre le feu aux quatre coins de la Bibliothèque que d'y fonder les séances du soir : ce serait d'ailleurs plus tôt fait, et l'on saurait tout de suite à quoi s'en tenir. Espérons en la sagesse du ministre et des bibliothécaires, pour le salut de la Bibliothèque du roi.

VI.

Avant de faire connaître les remèdes énergiques qui peuvent encore nous conserver la Bibliothèque du roi, il est indispensable d'apprécier ce qu'il y a de défectueux et d'incomplet dans les autres départements : Manuscrits, Estampes, Cartes géographiques et Cabinet des antiques, qui cohabitent avec les Imprimés, sans avoir le moindre rapport avec eux. Ce sont des voisins étrangers, sinon hostiles l'un à l'autre.

MANUSCRITS. — Ils sont encore, Dieu merci, à l'abri de la plupart des graves inconvénients que nous avons signalés dans le service des Imprimés. Ce n'est pas à dire pourtant qu'ils aient moins à craindre les architectes, les entrepreneurs et le déménagement. Sans parler de la convenance, de l'étendue et de la magnificence du local affecté aux manuscrits, on doit constater d'abord que le déplacement de ces précieux volumes, tout rehaussés d'or et ornés des miniatures les plus délicates, serait, malgré tous les paniers du monde, un acte irremédiable de barbarie, car il n'en faudrait pas davantage pour faire tomber la peinture en écailles là où elle n'est plus adhérente au vélin, pour l'écraser et l'étendre là où elle présente de l'épaisseur, pour l'imprimer en contre-épreuve là où elle s'est amollie et comme détrempée sous l'influence de quelque humidité plus ou moins récente. Le frottement, la pression, les secousses, les variations atmosphériques sont des causes certaines de détérioration pour les anciens manuscrits, surtout ceux qui doivent leurs ornements à l'art des rubricateurs et des miniaturistes. Rappelons-nous que dans le transport des manuscrits que la République française enleva au Vatican, beaucoup furent perdus, gâtés ou du moins altérés, quoiqu'une commission de savants eût surveillé la prise de possession de ces trésors, avec lesquels Rome payait aux nouveaux Brennus les frais de la guerre. « Il y a moins loin de la rue Richelieu au quai Malaquais, objecteront les architectes et consorts, que de Rome à Paris et de Paris à Rome. » Un architecte qui veut bâtir et encore mieux abattre, a réponse à tout.

Les manuscrits auraient donc plus à perdre que les imprimés dans un changement de local, car on ne leur rendrait pas ces belles salles hautes, vastes et admirablement appropriées, où l'on arrive, il est vrai, par un escalier d'auberge ; cette magnifique galerie éclairée par vingt fenêtres et toute peinte à fresque par Romanelli : ces appartements dorés et peints que le cardinal Mazarin ne s'indignerait pas de voir consacrés maintenant aux manuscrits, qui sont, pour ainsi dire, les rois et les ministres des livres. En compensation, peut-être, dans l'érection d'une nouvelle Bibliothèque, on aurait soin d'éloigner divers dangers qui menacent actuellement les manuscrits, entre autres les logements des conservateurs qui ne valent pas des pompiers. Si le Vésuve était à refaire, on ne le mettrait pas si près de Portici et même de Naples ; mais ôtez aujourd'hui les logements des conservateurs, demain ces logements reprendront leurs droits d'habitude en gagnant du terrain. Si la Bibliothèque du roi avait été consumée quand un domestique de Millin y mit le feu pour se faire un bûcher de livres, nous ne craindrions plus maintenant qu'elle fût incendiée par le fait d'un poêle mal éteint ou d'une cheminée engorgée de suie. Que des livres brûlent, on peut les remplacer, jusqu'à un certain point, avec du temps et de l'argent ; mais des manuscrits, il est impossible de les ressusciter; ceux d'Herculanum sont les seuls qui aient résisté à l'épreuve du feu.

C'est le feu que nous redoutons pour les manuscrits de la Bibliothèque du roi ; ils sont entourés et menacés par dix logements de bibliothécaires, qui ne se soumettent pas même à la loi du couvre-feu ; ils sont exposés à tous les hasards qui font les incendies ; et personne ne s'en effraye, personne même n'y songe. On y songera quand tout sera brûlé. Pourquoi a-t-on abrogé cette ancienne ordonnance du roi qui empêchait l'introduction du feu dans tous les bâtiments de la Bibliothèque ? Aujourd'hui, le feu est partout, à côté des manuscrits et des estampes, et il n'y a pas seulement un poste de pompiers dans l'intérieur de la Bibliothèque du roi : les pompiers sont en dehors, sous l'arcade Colbert ; pas de surveillance la nuit, excepté une seule visite de gardiens, qui vont, après, se coucher et dormir jusqu'au jour. L'organisation du Louvre est autrement prévoyante : là, les poêles sont construits tout en briques; les tuyaux et conduits de fumée ou de chaleur peuvent résister à un feu accidentel, si violent qu'il soit ; les portes des poêles sont fermées à clef, ainsi que les pelles à feu, ainsi que les lanternes de nuit ; toutes les nuits il y a des gardiens sur pied dans les galeries, des rondes d'heure en heure, avec un mot d'ordre. Cependant notre Musée national n'a pas une valeur plus considérable que notre Bibliothèque du roi, et l'on retrouverait un Corrége, un Raphaël, un Rubens, un Claude Lorrain, plutôt que la Bible de Charles le Chauve, plutôt que l'Evangéliaire de Charlemagne, plutôt que le livre d'heures d'Anne de Bretagne. Il est temps qu'on s'en inquiète : il ne faut qu'une étincelle, une allumette phosphorique tombée de la poche d'un de vos lecteurs, pour anéantir 100,000 manuscrits qui renferment tant de trésors littéraires et historiques, encore enfouis comme les diamants dans la mine.

Le département des Manuscrits n'est pas du moins encombré d'un public oisif et dangereux ; les bibliothécaires, presque tous savants spéciaux convenablement choisis pour la place qu'ils occupent, ont mis ordre à l'invasion des flâneurs et des curieux qui ne manqueraient pas de faire foule, si on les recevait à bras ouverts, ainsi qu'au département des Imprimés. Ce serait une récréation fort agréable, pour les lecteurs ordinaires de la Bibliothèque, que d'aller regarder les miniatures des manuscrits ; tous ces honnêtes gens, que nous voyons arrêtés devant les étalages de Martinet et d'Aubert, se feraient fête de courir à la Bibliothèque, si l'on y montrait gratis des manuscrits enluminés. Mais, hélas ! on n'est admis qu'aux jours d'ouverture publique, les mardis et vendredis, à visiter, au travers d'une vitre, quelques manuscrits, fort beaux, il est vrai, mais qu'on ne touche pas, et qui restent là comme des échantillons inamovibles. Oh ! si les manuscrits étaient communiqués à tout venant, de même que les imprimés, ceux-ci seraient bientôt abandonnés , et l'on ne voudrait plus que des manuscrits. On ne communique donc les manuscrits qu'aux personnes connues par la spécialité de leurs études, et le nombre de ces personnes n'a pas sensiblement augmenté depuis quinze ans, quoique l'Ecole des chartes, constituée, dit-on, dans l'intérêt de nos archives départementales, qui n'en sont pas moins négligées, forme chaque année de nouveaux lecteurs de manuscrits. On ne compte jamais plus de quarante habitués dans les salles des manuscrits, et aucun n'est là par hasard, pour tuer le temps, pour satisfaire une curiosité banale, pour savoir ce que c'est qu'un manuscrit; tous travaillent sérieusement, collationnent des textes, font des copies, relèvent des noms ou des dates, et préparent enfin ces doctes publications qui sont à la science ce que furent à l'ancien monde les découvertes des premiers navigateurs. Que de découvertes encore sortiront des manuscrits de la Bibliothèque du roi !

Quant au catalogue, il n'est pas sans doute ce qu'il devrait être, c'est-à-dire qu'il ne forme pas un seul ensemble avec les détails et la critique qu'exige la bibliographie des manuscrits ; mais du moins il suffit à peu près aux besoins du service. Ici, les quatre volumes in-folio publiés par Anicet Melot, vers le milieu du siècle dernier, offrent un inventaire assez exact des manuscrits orientaux, grecs et latins qui existaient à cette époque ; des suppléments à ce catalogue l'ont complété jusqu'à nos jours, et l'on y voit que si le nombre des manuscrits grecs et latins ne s'est accru que d'un tiers, les manuscrits orientaux sont trois fois plus nombreux qu'ils ne l'étaient alors. Là les six premiers volumes du catalogue raisonné des manuscrits français, que publie M. Paulin Paris, égalent et surpassent peut-être les plus remarquables travaux de bibliographie paléographique qui aient signalé la patiente érudition de l'Allemagne et de l'Italie ; mais ce serait trop demander que de vouloir que les manuscrits de la Bibliothèque fussent tous décrits par M. Paulin

Paris, émule de Lambecius et de Bandini. Les autres catalogues, non encore imprimés, sont, en général, exacts et complets, malgré l'extrême sobriété avec laquelle les titres ont été recueillis. En revanche, on a dépouillé assez soigneusement les collections de Dupuy, de Baluze, de Colbert, de Duchesne, etc.: on a levé ainsi 150,000 cartes qui donnent, par ordre alphabétique, le contenu de ces vastes recueils de pièces. M. Champollion-Figeac, qui a dirigé cet immense dépouillement, aura-t-il le loisir de coordonner et d'annoter cette multitude de titres divers, pour les livrer à l'impression ?

Tout est donc bien, au département des Manuscrits, à condition qu'on ne les déménagera pas, qu'on les protégera contre les risques du feu, qu'on en imprimera l'inventaire général, et qu'on ne les prostituera jamais à des mains grossières et ignorantes. Les manuscrits, qu'on le sache, sont aussi précieux que les diamants de la Couronne; ils ont un prix incalculable, et c'est par millions qu'on devrait en faire l'estimation. Les conservateurs le savent bien, et l'on peut dire à leur honneur que pas un des manuscrits de la Bibliothèque n'a été ni dérobé, ni perdu depuis soixante ans, quoique les savants soient admis à des emprunts que leur position et leur nom dans la science rendent convenables et même nécessaires en certains cas. Nous ne parlons pas des manuscrits endommagés sur place, ceux dont les miniatures ont été coupées avec une adresse digne d'une meilleure cause : ces déplorables mutilations prouvent mieux que de longs raisonnements combien la communication des manuscrits a besoin d'être restreinte et circonscrite. Croirait-on, par exemple, que pour s'épargner des frais de copie, un malheureux a détaché deux cahiers de l'*Histoire inédite du règne de Louis IX*, par l'abbé de Tillemont ? Il y a aussi des barbares parmi les savants !

ESTAMPES.—C'est une étrange idée que d'avoir logé la plus nombreuse et la plus précieuse collection d'estampes qui soit au monde, dans un entresol, bas de plafond et dénué d'espace. C'est une plus étrange idée que d'avoir rendu publique, dans un pareil local, cette collection qui manque de jour et de développement. Ce fait prouve que le cabinet des Estampes s'est formé tout seul à la Bibliothèque du roi, comme une annexe utile, mais non indispensable, et qu'on n'avait pas songé, avant ces derniers temps, à l'ouvrir aux dessinateurs, qui l'ont dès lors assiégé tous les jours, de telle sorte qu'on n'y est guère admis pendant les séances, faute de pouvoir faire retenir sa place la veille. Dès l'ouverture, toutes les places sont occupées, et il n'y a que vingt places. Cette parcimonie de places est, au reste, fort sagement entendue : sous prétexte de l'insuffisance du local, on ne reçoit que vingt porte-crayons à la fois, car si la salle des estampes était aussi vaste que la salle de lecture, on y verrait à chaque séance 4 ou 500 amateurs dessinant des nez et des bouches, ou *regardant des images*. Le cabinet des Estampes ne serait plus qu'une succursale de l'Ecole gratuite de dessin et de l'*Imagerie* d'Aubert.

M. Duchesne aîné, qui a fait de ce cabinet l'envie et l'admiration des cabinets étrangers, ne souffrira pas qu'on lui envoie plus de public ; mais ne pourrait-il pas le mieux choisir ? Quel public, en effet, pour notre cabinet des Estampes, que des écoliers qui viennent ombrer et hacher une tête d'étude d'après David ou Girodet ; que des ornementistes qui viennent chercher des dessins d'étoffes et des modèles de meubles ; que des rapins qui viennent s'inspirer des grands prix d'architecture et tirer des lignes d'après Vignole et Palladio? Quel public, pour le riche dépôt où l'on a rassemblé tout ce que l'art de la gravure a produit de plus rare et de plus beau, depuis le *saint Christophe* de 1423, depuis les nielles de Finiguerra, depuis les chefs-d'œuvre de Martin Schoen et de Mantegna ! Est-ce pour ce public que vous avez acheté 2,500 francs un carré de papier de 80 millimètres en hauteur et en largeur, une superbe épreuve du *Saint Paul prêchant*, de Marc Antoine ? Est-ce pour ce public que vous disputez à M. Smith de Londres, à M. Buffa d'Amsterdam, à M. Guichardot de Paris, les pièces inconnues à Bartsch, les épreuves bien colorées, les *états* avec remarques, en un mot, la rareté et la curiosité ?

Si l'on a quelquefois enlevé des miniatures dans des manuscrits, si tous les jours on vole des livres au département des Imprimés, souvent aussi on arrache et l'on emporte des estampes que le cabinet remplace toujours sans faire de bruit ni de scandale. Que serait-ce donc si, au lieu de vingt personnes gardées à vue par deux ou trois conservateurs, mais inévitablement cachées derrière des pupîtres et de grands portefeuilles, on avait à en surveiller deux cents ou seulement cinquante, même dans une salle où l'on verrait clair et où les surveillants pourraient circuler? Oh ! les bonnes journées que feraient alors les voleurs d'estampes, qui excellent à détacher avec le doigt la pièce convoitée qu'ils font glisser ensuite dans leur chapeau et disparaître dans leur poche! On ne fouille pas les gens qui sortent de la Bibliothèque, bien entendu; on ne les inspecte pas même quand ils y entrent. Aimable générosité! On confie des livres qui valent 1,000 fr., des estampes qui valent 2,000 fr., des manuscrits qui valent 6,000 fr. à des individus qui ne donneraient pas 5 fr. de garantie pécuniaire et morale!

On se demande avec raison pourquoi le cabinet des Estampes n'est pas dépendant du Musée du Louvre plutôt que de la Bibliothèque du roi? En général, les amateurs d'estampes n'ont rien à voir dans les livres, et, réciproquement, les amateurs de livres n'ont rien de commun avec les estampes. Cependant beaucoup de recueils d'estampes sont des livres, beaucoup de livres sont ornés d'estampes. En outre, le fonds du cabinet des Estampes, qui n'est autre que le cabinet de Marolles, s'accroît chaque jour comme la Bibliothèque du roi par le Dépôt de la librairie, qui reçoit tous les produits divers de l'imprimerie : le cabinet des Estampes existe donc dans les mêmes conditions que le département des Imprimés de la Bibliothèque. Ne nous étonnons donc pas que ce soit le même public avec les mêmes abus, sauf le prêt à domicile qui n'est point encore établi pour les estampes, et malgré un ordre remarquable de classement, de collection et de catalogue.

Ce que nous avons dit des livres, nous le dirons des estampes : les éditeurs et auteurs d'estampes déposent les exemplaires d'usage pour que leur propriété soit constatée et assurée, mais non pour qu'un des exemplaires du dépôt soit livré gratuitement à quiconque le réclame afin de s'en servir, fût-ce une lithographie de deux sous, fût-ce une gravure de cinq cents francs. C'est là un tort grave, sans cesse renouvelé, qu'on inflige au commerce des estampes, et cela, sans avantage pour l'art en général. Tout le monde, il est vrai, peut aller copier les tableaux du Louvre, après s'être pourvu d'une permission spéciale auprès de la direction des musées; mais ces tableaux, ce n'est pas une industrie qui les fournit gratis, et nos peintres modernes ne payent pas cet onéreux impôt en nature. Croirait-on que le cabinet des Estampes prête à tout venant les caricatures de Daumier et de Gavarni, les recueils de modes, les ornements pour les arts industriels que publient Hauser, Deflorenne et autres, les moindres dessins de broderie et de tapisserie qui sont envoyés à la Direction de la librairie? On dira peut-être, pour autoriser ces habitudes déplorables, que Carême, l'illustre cuisinier du Congrès de Vienne, n'est devenu un pâtissier classique, qu'en prenant des modèles d'architecture gastronomique à la Bibliothèque du roi, lorsqu'il était encore aide-cuisine chez un restaurateur de la rue Montorgueil?

Répétons-le avec assurance, le cabinet des Estampes n'a pas le droit de faire l'aumône aux dépens des graveurs, lithographes et éditeurs, en communiquant leurs publications à leur détriment. De plus, il est triste de penser que les frais de ce département de la Bibliothèque, si minimes et si insuffisants qu'ils soient au point de vue de son importance et de ses besoins, sont dix fois trop considérables pour le profit que les arts et la science en retirent. Deux conservateurs, trois employés, 10,000 fr. de budget annuel consacré aux acquisitions, ce n'est point assez pour un établissement qui comprend plus d'un million de gravures, et qui peut rendre d'immenses services; mais c'est beaucoup trop pour fournir des modèles à de jeunes dessinateurs qui ne seront malheureusement jamais des Michel-Ange, ni des Benvenuto Cellini, ni des Raphaël, ni des Poussin. Il faut bien le dire, il s'agit encore ici d'un public inutile qu'on doit sans doute encourager, favoriser même, mais partout ailleurs qu'au cabinet des Estampes. Ce cabinet est et doit être avant tout un dépôt de renseignements; c'est là que les iconophiles et les iconographes sont appelés à étudier, à comparer, à reconnaître les œuvres des maîtres; car la connaissance des estampes exige, comme celle des livres, la plus minutieuse comparaison des pièces : ici on compte les lignes, on cherche une faute d'impression, une phrase, un mot ajouté ou supprimé ; là, un trait de burin, une taille en plus ou en moins, un point imperceptible, sont des marques qui ont toute leur valeur et leur intérêt. On comprend qu'une pareille enquête à la loupe a besoin d'une belle lumière.

Nous la réclamons donc pour le cabinet des Estampes, et nous lui conseillons en même temps de couvrir d'un voile protecteur les chefs-d'œuvre encadrés que dévore lentement l'action de cette lumière qui, par bonheur, ne lui est pas encore libéralement prodiguée. Nous tenons aussi au choix d'un public instruit et connaisseur, à l'éloignement des petits dessinateurs, à la non-communication des exemplaires du dépôt légal avant un certain délai, et enfin à l'impression du catalogue que l'iconographieeillnɔera ac comme une espèce de code, qui doit confirmer, réformer ou casser les arrêts de Heinecken et de Bartsch.

CARTES GÉOGRAPHIQUES. — Ici le local ne manque pas. M. Jomard s'est emparé de la grande galerie du rez-de-chaussée et il l'a tapissée de cartes qui forment une tapisserie trop accessible aux outrages de l'air et de la poussière. M. Jomard s'est rappelé sans doute cette salle du Vatican, peinte en cartes de géographie, où les papes pouvaient juger que le catholicisme occupait sur le globe moins d'espace que la mer figurée en bleu de cobalt par le P. Ignace Dati. Ce département de la Bibliothèque est le moins fréquenté de tous : il doit rappeler souvent à l'honorable M. Jomard le désert d'Égypte. On n'y voit passer que quelques ingénieurs du Dépôt de la guerre, quelques géographes allemands, quelques voyageurs qui sont en peine de la route de Tombouctou, et les deux savants conservateurs, MM. Jomard et Valckenaer, qui se félicitent d'être délivrés d'une fatigante publicité par la nature même de la collection qu'ils conservent, comme ces prêtres de Thèbes préposés à la garde d'un tombeau pharaonique. Sans doute, il est bon que cette collection existe, parce qu'elle peut quelquefois être consultée avec fruit, surtout pour la géographie ancienne ; mais elle pourrait occuper moins de place et surtout s'étendre avec moins de complaisance le long des murs, attendu qu'une carte géographique, fût-elle de d'Anville ou de Rennell, ne tiendra jamais lieu d'un bon tableau ou d'une bonne gravure. On peut sans inconvénient laisser ce département ouvert à toute sorte de public, on est sûr que celui-ci n'abusera pas de la permission.

CABINET DES ANTIQUES. — Voilà encore une collection bien mal logée, en raison de son mérite et de son étendue ; mais nous sommes frappé principalement de la différence qui existe entre le régime intérieur de ce cabinet et celui du reste de la Bibliothèque du roi, différence tout à l'avantage du cabinet des Antiques, ce que nous ne lui imputerons pas à blâme, bien au contraire. Au cabinet des Antiques, si, deux jours par semaine, le public, quel qu'il soit, est admis à visiter ce que des montres vitrées offrent à la vue des curieux, ces montres ne s'ouvrent sous aucun prétexte, et les objets qu'elles renferment ne circulent pas de main en main : soyez antiquaire, numismatiste, savant, si bon vous semble, vous n'obtiendrez pas, sans être connu personnellement des conservateurs, communication matérielle d'un bronze, d'une médaille, d'un ivoire, etc. Tout reste sous clef, et même deux factionnaires de la ligne aident à la surveillance du cabinet, où deux, trois et quatre employés font bonne garde dans l'unique salle ouverte au public. Cependant une médaille, une statuette, une arme ancienne, un bijou romain ou gaulois n'ont pas plus de prix que tels livres, telles estampes, tels manuscrits ; ils ne sont pas plus difficiles à remplacer, en cas de vol ou de dégradation, et le public que reçoit le cabinet des Antiques ne mérite pas moins d'égards que le public reçu dans les autres départements de la Bibliothèque du roi.

C'est que les conservateurs du cabinet des Antiques ont bien compris que ce public qui arrive sans autre recommandation qu'un passe-port, s'il est étranger, et que sa bonne ou mauvaise mine, s'il est indigène, n'a pas droit aux mêmes priviléges que les archéologues et les savants qui se font connaître et recommander, s'ils ne se recommandent eux-mêmes par un nom et des ouvrages célèbres. Aussi, pendant que le cabinet est fermé à ce public que nous voulons exclure des séances quotidiennes de la Bibliothèque, ces savants et ces archéologues, qui ont droit à une véritable protection et qui rendent au centuple à la science ce que la science leur prête, sont admis, pour ainsi dire, à la libre pratique des objets les plus précieux que possède le cabinet des Antiques. On leur confie des pièces d'or et d'argent qui valent plusieurs milliers de francs, et qui sont quelquefois inappréciables parce qu'elles sont uniques. Voilà l'exemple que donne le cabinet des Antiques aux départements des Imprimés, des Estampes et des Manuscrits.

Malheureusement, comme nous le disions tout à l'heure, le cabinet des Antiques manque d'espace, et quatre salles, semblables à celle qui est publique aujourd'hui, suffiraient à peine pour déployer nos admirables collections d'antiquités égyptiennes, grecques, romaines, indiennes, gauloises, etc., pour ranger, pour étaler les innombrables séries de la numismatique de tous les temps, de tous les pays. Le cabinet des Antiques devrait être un musée, sans qu'il en coûtât autre chose qu'un logement digne de lui. On croirait, à le voir tel qu'il est, que c'est un choix d'assez beaux échantillons en tout genre, comme on en trouve chez les amateurs ; et M. de Pourtalès, M. Dupré, M. le duc de Luynes, etc., paraissent plus riches que notre collection nationale. La publication d'un catalogue général serait sans doute la conséquence d'un nouveau rangement dans un autre local, que l'on n'irait pas toutefois chercher hors des bâtiments actuels de la Bibliothèque du roi ; car la notice de M. Dumersan, malgré ses dix ou douze éditions, n'est faite que pour les curieux, qui visitent la Bibliothèque comme la colonne Vendôme ou l'éléphant de la Bastille.

Il y a encore remède à tout, et le plus difficile n'est pas de trouver le remède, mais de savoir et de vouloir l'appliquer. Pour entreprendre la cure radicale de la Bibliothèque du roi qui se meurt, qui est quasi morte, il faut la traiter par le régime et la diète, pour ainsi dire : éloignons la cause du mal, et le mal cessera de lui-même. Il faut d'abord fermer cette Bibliothèque en désarroi pour la reconstituer en Bibliothèque centrale et universelle, en créant à l'entour quatre bibliothèques spéciales et usuelles, quatre grands cabinets de lecture, où l'État ne prêtera au premier venu que des livres achetés et renouvelés par le budget, ce qui refroidira peut-être la générosité de nos philanthropes de bibliothèques publiques.

VII.

Il ne faut pas dire ici, comme on dit souvent à la Chambre des députés : « Il y a quelque chose à faire; » il faut dire : « Il y a tout à faire », et il faut tout faire en effet pour sauver la Bibliothèque du roi.

Laissons-la d'abord où elle est, parce qu'elle y est bien et qu'elle ne serait pas mieux ailleurs, en admettant qu'elle ne soit pas beaucoup plus mal. Le quartier central de la rue de Richelieu est le plus convenable à une Bibliothèque centrale et universelle, autour de laquelle doivent rayonner

8

toutes les autres; les bâtiments de la Bibliothèque et ceux qu'on peut y ajouter sur des terrains qu'on n'a pas même besoin d'acquérir, sont plus que suffisants pour les nécessités présentes et futures de cet établissement. Il est faux et ridicule de prétendre que le commerce réclame l'emplacement actuel de la Bibliothèque : le commerce, qui n'est déjà plus fidèle au Palais-Royal et qui semble s'acheminer vers la Chaussée-d'Antin! A coup sûr, ces terrains convoités par la spéculation se vendraient à la toise plus cher que ceux qu'on rachèterait au delà des ponts; mais cette différence dans le prix des terrains serait balancée, et au delà, par la perte de l'édifice à démolir, par les frais énormes des nouvelles constructions, des nouveaux arrangements intérieurs et du déménagement. Heureux si le budget en était quitte pour une vingtaine de millions, ce que coûterait à peine l'achèvement du Louvre!

Une fois qu'il est bien convenu que la Bibliothèque du roi n'ira pas en exil *super flumina Babylonis*, dès qu'une bonne loi a constitué et consolidé, pour ainsi dire, le local que cette Bibliothèque regarde comme sien, malgré toutes les conspirations des architectes et des entrepreneurs, ces entrepreneurs et ces architectes sont invités, en compensation si l'on veut, à remuer des pierres et à gâcher du plâtre dans l'enceinte du palais Mazarin, car il s'agit de parfaire ce qui a été commencé, d'élever un grand corps de logis parallèle à la galerie des manuscrits le long de la rue Vivienne ; il s'agit aussi de compléter l'exécution de ce plan, le plus sage, le moins onéreux et même le plus monumental de tous, en prolongeant sur la rue Vivienne ce même corps de logis dont les piliers d'attente ressemblent à des ruines, et en le continuant sur la rue Colbert, de manière à relier ensemble les bâtiments de la Bibliothèque, qui formeraient alors un vaste carré long entre les rues de Richelieu, des Petits-Champs, Vivienne et Colbert. La Bibliothèque serait ainsi parfaitement isolée et hors de danger du feu, à condition toutefois qu'on reprendrait tous les logements des conservateurs pour les rendre aux collections, en indemnisant les conservateurs, bien entendu. Ce serait une excellente occasion de réparer et d'approprier ces masures noires dont se contentent les conservateurs, parce qu'ils n'y payent pas de loyer. Ecartons de la Bibliothèque du roi tout ce qui pourrait lui attirer le sort de celle de Saint-Germain-des-Prés, entièrement brûlée dans la nuit du 20 mars 1794.

Ce n'est pas tout : les murs enfumés qui attristent, dit-on, la rue de Richelieu, on les badigeonnera, si l'on veut, et, qui plus est, on les déguisera au moyen de quelque décoration architecturale : des corniches, de fausses arcades, des colonnes engagées à demi dans la maçonnerie, en voilà assez pour faire, vis-à-vis de la place Louvois, une façade presque imposante, qui réponde à l'aspect magnifique de la cour du palais ; alors il y aura une seconde cour, moins large que la première, mais ornée également de parterres, de statues et de fontaines ; alors aussi les différents départements qui composent la Bibliothèque auront plus d'espace et plus de jour ; ils seront aussi mieux séparés les uns des autres, sans qu'on enlève rien aux livres, qui occupent à eux seuls la plus grande partie des bâtiments. Ces bâtiments se trouveront presque doublés, et nous souhaitons que les nouveaux ne le cèdent pas en solidité aux anciens, que nos arrière-neveux verront encore debout, quoi qu'en disent les architectes de mauvais augure.

Les livres sont maîtres des quatre corps de logis de la première cour ; ils se classent, ils s'étalent dans les galeries et les salles des trois étages ; ils sont là rangés à demeure, selon un ordre bibliographique quelconque; la fameuse salle de lecture a vu réintégrer les volumes qu'elle contient, dans les diverses sections de la Bibliothèque qui les avaient fournis; les manuscrits et les estampes, ainsi que les cartes géographiques au rez-de-chaussée, se sont retirés successivement pour faire place aux livres; car il ne faut pas perdre de vue que la France envoie tous les ans au Dépôt de la librairie 8 à 10,000 volumes, ce qui formera un million de volumes au bout d'un siècle, et que tous les ans, non contente de cet accroissement gratuit, la Bibliothèque fait acheter 2 ou 3,000 volumes sur tous les marchés de l'Europe. Force est donc que les livres trouvent à se caser dans cet immense caravansérail littéraire, dont la situation, exempte d'humidité, de poussière et d'insectes rongeurs, est merveilleusement propice au papier imprimé, pourvu que les lecteurs, tels qu'on nous les fait, ne viennent pas détruire ce que respectent les rats, les souris et les vers depuis des siècles.

Dans la seconde cour, ce sont les manuscrits qui ont droit d'asile, les manuscrits dont le nombre ne s'augmente que dans une proportion très-restreinte; car on ne recueille guère que des manuscrits inédits qui ne datent pas d'hier, et ce n'est pas le tout que d'en découvrir, il faut encore pouvoir les acheter. Le département des Manuscrits acquiert quarante à cinquante volumes par an, ce qui ne lui promet pas un développement bien considérable pour l'avenir, à moins qu'une loi n'autorise la réunion, en ce centre unique, de tous les manuscrits disséminés aujourd'hui dans les autres bibliothèques de Paris, loi fort désirable, qui ne viendra que le plus tard possible, comme toutes les bonnes choses. Je vous demande à quoi bon des manuscrits à Sainte-Geneviève, où sont ouvertes les séances du soir pour quiconque se prépare au baccalauréat; à la bibliothèque Mazarine, où les bibliothécaires eux-mêmes ignorent qu'il y a des manuscrits ; à la bibliothèque de l'Arsenal, où les élèves du collége Charlemagne vont passer si agréablement l'entr'acte des classes ?

Du côté de la rue Colbert, une seule galerie, longue de trois ou quatre cents pieds, remplacera très-convenablement l'entresol du cabinet des Estampes, et l'on pourra du moins y faire une exposition des chefs-d'œuvre de la gravure par ordre chronologique, en ayant soin, après chaque séance publique, de laisser ces chefs-d'œuvre se reposer des atteintes de la lumière dans une bienfaisante obscurité. Quand cette galerie deviendra trop petite pour recevoir les innombrables produits de la gravure et surtout, hélas ! de la lithographie, une seconde galerie se trouvera bien au-dessus ou au-dessous de la première. Il va sans dire que les dessinateurs seront exclus, de même que les lecteurs non patentés, de la fameuse salle de lecture. Mais qui chassera les vendeurs du Temple ?

Du côté de la rue des Petits-Champs, dans ces sombres repaires où les conservateurs ont l'air d'être en prison, sans air et sans soleil, on disposera de vastes salles, que le cabinet des Antiques n'aura pas de peine à remplir en prenant l'aspect d'un musée. On dirait que ce département de la Bibliothèque a toujours peur des voleurs, tant il cache ses trésors. C'est assez, il est vrai, d'avoir été volé deux fois ; mais avec un local plus spacieux et mieux distribué, il sera possible de mettre en évidence tout ce que renferment actuellement les armoires et les étages supérieurs du Cabinet : on aura une salle égyptienne, une salle grecque, une salle romaine, une salle indienne, une salle du moyen âge ; ou, si l'on préfère le classement par objets, on rassemblera ici les bronzes, là les terres cuites, ailleurs les marbres, ivoires et émaux, puis le médaillier qui comprend plus de 200,000 pièces représentant la numismatique de toutes les époques et de tous les pays, hormis peut-être celle de la révolution de Juillet.

Et les cartes géographiques ? Nous les avions oubliées, mais nous comptons sur M. Jomard pour leur donner autant de place qu'il pourra.

Voilà enfin la Bibliothèque du roi matériellement réorganisée (ce n'est pas aujourd'hui ; sera-ce demain ?) ; la voilà telle qu'elle devrait être depuis quinze ans, si l'on avait su dépenser le million extraordinaire qu'on lui octroya si généreusement en 1830, sous prétexte de parer à ses plus pressants besoins. Encore un petit million, s'il vous plaît, et la Bibliothèque aura peut-être un catalogue, quoique ce dernier ne soit point assez complaisant pour se faire tout seul. Ce catalogue mis à jour et imprimé sous les auspices de quelque bibliographe qui nous tombera des nues ou d'une ordonnance ministérielle, la Bibliothèque, délivrée à jamais de son mauvais public, rendra aux sciences et aux lettres tous les services que nous l'accusons de ne pas leur rendre maintenant.

Mais pour achever les bâtiments et la classification de la Bibliothèque du roi, il faut, avant tout, qu'elle soit et demeure fermée pendant des mois et même des années.

Mais, pour être utile aux sciences et aux lettres, il faut qu'elle renonce à ses lecteurs parasites, et, pour que l'instruction, ou plutôt la lecture gratuite, ne soit pas refusée à ces lecteurs qu'on a fait pulluler avec tant de sollicitude, il faut qu'ils trouvent, hors de la Bibliothèque restituée désormais à ses véritables et anciens clients, autant de livres que les yeux et l'esprit peuvent en dévorer pendant la vie d'un homme. Rappelons-nous que l'abbé Lenglet-Dufresnoy a calculé très-sérieusement qu'un homme bien constitué et persévérant pouvait absorber en dix ans le contenu de dix mille volumes de toutes tailles, depuis l'in-folio jusqu'à l'in-octavo ! Cet homme-là serait un Dieu ou un martyr, à moins que ce ne fût l'abbé Dufresnoy en personne.

Eh bien ! le jour où vous fermerez la Bibliothèque du roi, ouvrez en même temps, aux quatre coins de Paris, quatre grandes salles de lecture gratuite, mais spéciale, puisque vous avez accoutumé votre public à lire aux frais de l'État ce qu'il lisait précédemment au profit des cabinets de lecture, sinon de la librairie ancienne et moderne.

Quatre salles de lecture, réparties dans quatre quartiers différents, et consacrées chacune à sa spécialité fondamentale, auront surtout pour résultat certain de diviser la masse de travailleurs, qui tend à grossir tous les jours, et de décourager cette classe de lecteurs oisifs qui lisent pour lire. Ces salles de lecture seront ainsi réglées : celle du quartier Saint-

Jacques ne contiendra que des livres de jurisprudence et de médecine; celle du quartier Saint-Germain, que des livres d'économie politique et sociale, auxquels on pourrait joindre tout ce qui concerne la morale; celle du quartier Saint-Martin, que des livres relatifs aux sciences exactes et surtout aux arts et métiers; celle de la Chaussée-d'Antin, que des livres de haute littérature française et étrangère. Chacune de ces salles se trouverait appropriée en quelque sorte au quartier où elle serait établie; car les jurisconsultes et les médecins se forment ordinairement dans le quartier Saint-Jacques; les fonctionnaires publics, à commencer par le ministre, dans le quartier Saint-Germain; les industriels dans le quartier Saint-Martin; et les désœuvrés dans le quartier de la Chaussée-d'Antin.

La fondation de ces quatre salles de lecture n'exigerait pas plus de 100,000 fr. pour premier établissement, sans parler du local qui existe toujours dans quelque mairie ou dans quelque édifice appartenant au domaine. Il y aurait dans chaque salle 6 ou 8,000 volumes, ce qui serait tout à fait suffisant, et il n'y aurait pas de conservateurs aux appointements de 5,000 fr. Un bon catalogue en tiendrait lieu, et deux bons garçons de salle, dressés à ce service, donneraient les livres. Un catalogue exact, complet et méthodique, vaut mieux que six bibliothécaires, qu'on le sache et qu'on ne le leur dise pas. Vous pourriez même, avec cette nouvelle organisation, répandre sur vos quatre salles de lecture les lumières plus ou moins soporifiques de vos séances du soir, et la librairie n'aurait plus à se plaindre de ce que vous levez sur elle un tribut onéreux en nature pour le distribuer ensuite avec une libéralité qui ne vous coûte rien. Si ces quatre salles de lecture ne répondaient pas encore à tous les besoins de vos lecteurs favorisés, vous seriez libres même d'en créer une cinquième exclusivement destinée, par exemple, à la lecture de l'*Histoire de Paris,* par Dulaure, ou de l'*Histoire de la Révolution,* par M. Thiers. Il faut bien que tout le monde vive, même vos lecteurs.

Cette exécution faite, les quatre ou cinq salles de lecture fondées sur des bases économiques et dans un but d'utilité réelle, on respire du moins à la Bibliothèque du roi; on la réforme, on la réorganise de fond en comble, ainsi que les autres grandes bibliothèques de Paris. Quant à celles-ci, on aviserait d'abord à les compléter par des achats, chacune selon le caractère que présente plus particulièrement son institution. N'est-il pas honteux que nos premières bibliothèques soient presque absolument dépourvues de livres contemporains, et que la série des collections se trouve interrompue depuis plus de soixante ans? On croirait que ces bibliothèques se sont endormies, comme Épiménide, pendant un demi-siècle, et viennent de se réveiller tout à l'heure en demandant si l'esprit humain et la presse n'ont pas dormi comme elles. Certes, on se gardera bien cependant, comme on l'a proposé légèrement, de fractionner le Dépôt général de la librairie, en envoyant les pièces de théâtre, les romans et les poésies à la bibliothèque de l'Arsenal, les ouvrages de théologie et de philosophie à la bibliothèque de Sainte-Geneviève, les ouvrages d'histoire à la bibliothèque Mazarine, et le reste (quel reste!) à la Bibliothèque du roi! C'est à la Bibliothèque du roi seule qu'appartient le premier exemplaire du Dépôt; le second reste dans les archives du ministère de l'intérieur, comme pièce à l'appui du dépôt légal. En demanderez-vous un troisième aux libraires et aux auteurs? Non; vous achèterez, quoique ce mot vous semble dur, vous achèterez les livres qui vous manquent, vous en achèterez même deux ou trois exemplaires, avec ou sans remise, et ce sera une bien chétive compensation de l'ancien régime de la librairie avant 1789, lorsque tout livre nouveau était acquis au prix de souscription dans six cents bibliothèques de châteaux, de communautés et de particuliers.

Les exemplaires du Dépôt continuent donc à parvenir à la Bibliothèque du roi, qui peut alors réclamer des exemplaires de choix, en papier vélin, s'il en est, au lieu de ces exemplaires de mise en train, défectueux ou même incomplets, qu'on lui donne pour sa part avec une sorte de dédain. Les libraires et les auteurs ont, en effet, la conscience du tort permanent que leur cause la Bibliothèque, et ils se soumettent de mauvaise grâce à un impôt qui leur paraît injuste. La Bibliothèque du roi n'est plus désormais un cabinet de lecture ouvert gratis au premier venu : c'est le centre général de tout ce qui s'imprime, de tout ce qui s'est imprimé ; c'est l'arche sainte de la bibliographie universelle ; c'est, pour ainsi dire, un immense bureau de renseignements où les sciences et les lettres ne s'adressent jamais en vain ; c'est, en un mot, la Bibliothèque par excellence, la collection suprême des livres, des manuscrits, des estampes, des cartes géographiques et des antiques. Le Muséum de Londres, que nous sommes forcés maintenant de prendre pour modèle, se verra surpassé, dès que la Bibliothèque du roi imitera les mesures d'administration intérieure qui font la supériorité de l'établissement britannique.

C'est sous ce nouvel ordre de choses que la Bibliothèque du roi travaillera fructueusement à son catalogue, qui sera pour l'étude une ère nouvelle ; tous les bibliothécaires en titre n'aideront pas à faire ce catalogue sans doute : on doit espérer seulement qu'aucun d'eux n'empêchera de le faire ; le public gênant et inutile ne sera plus là d'ailleurs pour déranger les livres, les bibliothécaires et leurs travaux d'inventaire, de classement et de contrôle. Le règne du catalogue suivra tôt ou tard le règne du chaos, bien que ce ne puisse pas être une œuvre de six jours. Il ne faut qu'une main active et intelligente pour coordonner les éléments de cette magnifique création. Est-ce la Bibliothèque du roi qui doit rester en arrière, lorsque le Vatican lui-même veut avoir son catalogue, lorsque toutes nos bibliothèques départementales ont déjà le leur, lorsque le monde savant se demande à quoi peut servir une bibliothèque sans catalogue? Dépêchez-vous donc de prouver, messieurs, qu'en matière de catalogue, douze bibliothécaires valent presque un libraire.

Ce catalogue publié, si la chose est possible, en vingt ou vingt-cinq volumes in-quarto, ce sera l'âge d'or des livres et des bibliothécaires de la Bibliothèque du roi. Les bibliothécaires n'auront plus à se débattre au milieu du débordement quotidien des lecteurs ; les livres ne seront plus sacrifiés par des mains profanes ou impies ; la Bibliothèque du roi ne se sentira plus étouffée, écrasée par le nombre. Les quatre salles publiques de lecture la débarrasseront de cette foule d'ennemis qui l'ont prise d'assaut. Le prêt des livres à domicile est à jamais supprimé dans l'intérêt des livres et des travailleurs.

On n'ira pas à la Bibliothèque du roi pour y constater l'absence de l'ouvrage qu'on y va chercher ; on n'ira pas aussi, sans être connu, recommandé, reçu, autorisé. Il faut bien une permission d'un des directeurs du Jardin des Plantes pour être admis à voir le repas des bêtes ! Est-il sensé de confier tel livre ou tel manuscrit précieux à un inconnu qui ne mérite pas même qu'on lui prête une plume? Car, aujourd'hui, on a dû renoncer à fournir à tout venant plumes et papier, comme cela se pratiquait du temps du cardinal de Mazarin : il eût fallu faire de la papeterie de Marion une dépendance de la Bibliothèque du roi !

La Bibliothèque connaîtra son monde ; elle se gardera des gens dangereux ; elle accueillera quiconque a des antécédents littéraires à faire valoir, quiconque s'appuie de garanties morales et personnelles, quiconque arrive sous les auspices d'un patronage honorable. C'est ainsi que la bibliothèque de l'Institut est constituée : on n'y est introduit que par un académicien qui se fait caution de l'individu qu'il présente. La Bibliothèque du roi offrira dès lors de nombreuses ressources à l'étude : les personnes instruites y reviendront avec la certitude de trouver tous les livres, toutes les éditions ; les savants s'y plairont et aimeront à s'y rencontrer, sans avoir à faire le pied de grue devant le bureau des conservateurs ; on pourra dès lors, sans inconvénient, laisser des plumes et du papier sur les tables ; les bibliothécaires auront le temps d'être plus complaisants et ne s'excuseront pas de leur paresse sur la quantité des demandes, sur le silence des catalogues, sur le déplacement des livres. Ce ne sera pas miracle d'avoir enfin des bibliothécaires, puisque l'on aura un catalogue.

Tels sont les vœux que nous formons pour la destinée de la Bibliothèque du roi, qui est perdue, répétons-le encore, si l'on ne s'arrête tout à coup dans la voie déplorable où l'on est entré depuis quinze ans. L'éloignement et la répartition des lecteurs actuels, au moyen de salles de lecture spéciales, c'est la première mesure de salut à prendre : dans une tempête, on jette à la mer tout ce qui encombre et surcharge le navire. La seconde mesure, que nous ne croyons pas moins urgente, c'est la fermeture de la Bibliothèque pour sa réorganisation intégrale et pour sa glorieuse réouverture, l'abri des architectes, des lecteurs parasites, du prêt, du désordre et de l'incendie, avec de nouvelles constructions, de nouveaux règlements, un nouveau catalogue et surtout un nouveau public.

FIN.

www.ingramcontent.com/pod-product-compliance
Ingram Content Group UK Ltd.
Pitfield, Milton Keynes, MK11 3LW, UK
UKHW021825190726
13853UKWH00003B/1188

9 782329 597072